U0141260

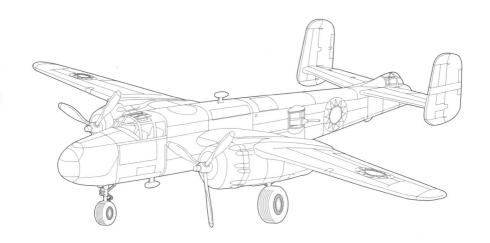

Memoirs of Air Force during Suppression of the Communist Rebellion

二

空軍戡亂回憶錄

- Section II

第一大隊、第三大隊、第四大隊

The 1st Group, the 3rd Group, and the 4th Group

目錄

編輯說明

「一年準備，二年反攻，三年掃蕩，五年成功。」

國共戰爭期間，國軍為什麼在 1949 年遭逢空前未有的挫敗，是許多人日以繼夜嘗試解答的問題，包括國軍高層自己。隨著中華民國政府遷設臺灣，國軍高層生聚教訓，等待反攻大陸的時機，眾人亦不免回眸過去的慘痛經歷。

我們從《蔣中正日記》當中，便可看到 1950 年代反攻計畫的擬訂與推動，除了在軍備上須做充足準備，亦須反省戡亂作戰期間的諸般作為。

因此，在 1957 年，政府當局曾組織較大規模的檢討工作，由全軍上下針對戡亂時期的作戰經過，撰寫個人心得報告，內容包括當時戰役的準備情形、發生經過、國軍與共軍的優缺點等，作為反攻計畫的參考。

這些心得報告，自高階將領至基層士官兵皆有，因為每個人所處的位置，所能觀察到的面向，與戰後的檢討，各有不同的價值。

本套書《空軍戡亂回憶錄》，以單位區分，呈現抗戰勝利，空軍飛行單位整編為八個大隊又一個中隊之後，空軍軍官的戡亂作戰情形。本冊收錄部分為任職於第一大隊、第三大隊、第四大隊的空軍軍官回憶。

惟 1957 年距離作戰已過多年，人物、時間、地點、戰鬥過程等回憶難免有誤，同一場戰役的觀察結果也可能與他人不同，建議讀者仍可參酌其他史料、回憶錄，以取得對戰役的全盤瞭解。

第一大隊

● 王育根

作戰時級職：空軍第一大隊上校大隊長
撰寫時級職：國防大學校學員

作戰地點：陝、晉、魯、東北
作戰起訖日期：35 年 9 月至 37 年 7 月

剿匪作戰詳歷心得

我在抗日戰爭前，曾參加剿匪貳年數月，勝利後又參加戡亂貳年，都是在空中作戰，不敢說有特別寶貴心得，值得今後參考，但僅就記憶所及，亦能敘述數千言，是否有當，敬請閱者指正！然而我曾記得寫了心得一次，填了表格一次，苦無底稿，亦不知存在何處，據推測可能在國防部史政處，閱者認為有何價值的話，則請併案辦理！今時我的書法太缺修養，實在不會寫楷書，生性已成，無法應命，更請閱者諒之！

自江西匪突圍至湖南，嗣後一直追蹤至陝北諸戰役，當時我還未畢業。空軍總司令王叔銘上將，當空軍第二中隊隊長，以剿匪缺乏飛行員，在衡陽致電航校政治部主任兼校長辦公室主任蔣堅忍中將，「共匪流竄，國家存亡，在此一舉，請即派一、二名學生，來隊助戰！」我與曾、李三人即奉命至隊報到，經考驗及格，可參加作戰，地區在湘南、桂邊一帶，時約在廿三年下半年。朱毛在粵、桂、湘、黔邊境向西逃竄，我則由以上各省，堵剿圍殲，惜以指揮不統一，且各省均顧保全實力，故此剿彼竄，

流入西南各省，為害之大，實足心傷！二、三月後，回校畢業，六月後編入空軍第六隊，隊長王伯嶽，即第二隊副隊長調升，剿匪經驗豐富，正好學習剿匪技術，以報國家領袖撫育之恩！惜王隊長不久以身殉職，由副隊長金雯升隊長，全隊調至四川作戰年餘，又調至山西，此時匪已流竄至陝北矣。

抗戰勝利後34年調充第二次大隊長，參加魯中、總攻膚施、東北、徐蚌會戰諸役，所得經驗教訓，分述如下。

1. 僅空投補給，不能解陸軍之圍

中國空軍飛機數量有限，運輸量太少，且飛行高度不能過低，避匪防空火網，故有投入匪區者。嗣後孤軍深入，或欲佔據戰略據點，靠空投或空運補給，恐甚困難，其能力超出中國空軍能力之外，勉強為之，恐怕得不償失也。

2. 陸軍不能專靠空軍掩護或偵察

魯南二軍一師之被匪圍殲，即為血的教訓，因空軍數量有限，且受天候氣象之限制，甚難週到！且匪偽裝、隱蔽、鑽穴是其所長之主要情報，應靠地面！如匪情不明，萬不能孤軍深入！即欲入虎穴，亦應多派兵力，完成多種防衛偵察手段，步步為營，穩著穩打，空軍僅能「協助」而已！

3. 對空連絡組，平時應多設情況，實際訓練

在臨沂之南曾得當時陸空連絡電台請求，謂「本日清晨曾派便衣搜索兵數名，至前方某地搜索，現尚未返，請空軍偵察他們現在何處？」當時我答覆，彼為便衣，可能已被解決，實在無法應命！此即為不明空軍性能之好例！故平時應多加

實際演練，戰時即無此不合理之要求事實矣！

4. 匪廣播電台空中不易破壞

總攻延安時，本人曾率隊轟炸其廣播電台，數度命中，房屋已
徹底破壞，但匪廣播仍如故，且日本轟炸我重慶陪都時，亦
曾以中央廣播電台為目標，但我廣播從未中斷，即為事實，
由此可知電台雖脆弱，但可進入地下，或偽裝假電台，或備
多份各型電台，欲停止其廣播，確非易事，此可為我決策時
之參考！「打牠而不命其講話，是不可能的！」

5. 偵炸匪砲兵陣地方法

匪砲兵多集中使用，且偽裝隱蔽良好，不易發現，有時匪置
砲於房屋內，打開門即射擊！在東北曾多次發現匪如是之隱
蔽方法。偵察時，多在空中遠處盤旋，監視其可能發砲之地
驅，以匪砲口火光為判定其砲位之依據，再以試探性攻即，
則不難發現其真砲位矣！

6. 匪進攻時，多分批成密集隊形

在四平街進攻時，匪曾利用天然大溝，密集接近市區，曾為我
空軍之良好目標，死傷慘重，最後放棄攻四平街之念。空軍
協同陸軍作戰，應多攜油量，反覆多方偵察，始能發現良好
目標，彈藥應留作歸回時之用！以免發現良好目標時，徒呼奈
何！如發現良好目標時，如油量許可，應在其上空監視，切不
可離開其上空，再發電求援，否則，稍離開匪即逃匿無蹤矣！

7. 內線作戰，死守待援，不是良好方策

在東北作戰，多次有如是之感想！內線作戰，既不能各個擊破來犯之匪，即應設法轉入外線，以分進合擊之法，消滅匪徒！打出去路，設法解圍！死守待援，無異是坐以待斃！在河南某師赴援，反被匪圍困，請求空投及援兵！當時余竭主張突圍，結果成功，僅重裝備損失而已！否則，全部損失無疑也。匪對「圍點打援」，或「阻援打點」實具研究。解圍之法，唯爭取外線作戰，反包圍死拼，乃為求生良好出路！否則危矣！

8. 匪軍迂迴，避免正面攻擊，或伏擊我首腦部

天津會戰，匪即繞道入關，東北廖兵團失敗，即係首腦部先受襲擊，以致全軍無統帥，因而覆滅！此種血的教訓，吾人應常記著：「匪認為最遠的路，就是最近的路！」首腦部絕對保密，戰地絕不能當作衙門耶！

9. 匪擅長分割戰術

如瀋陽失守前數日，即造謠某師已叛變，或要叛變，其實俱未叛變，由衛立煌離瀋陽後一日，我機一架尚在瀋陽著陸，接出三員中級長官，即為明證，匪之目的，在分開我力量，動搖我軍心，使其不戰而屈人之兵耳！分割、殲滅，是牠的基本思想，吾人對政治軍事，無論大小，應切實注意匪這種手法，只有團結一致，追究謠言到底，匪即無所施其技矣！

10. 匪慣於挖工事，從地面下逐漸接近我軍

如徐蚌會戰，匪在碾莊圩與雙堆集戰法，即係如此的天天挖

工事，逐漸縮小包圍圈，空中地面俱無法對其射擊或轟炸，因工事俱成「之」字形狀，隨時隨地俱可躲避也！破法就是不打「內線作戰」，或接近水源，以水灌之，匪即無法進行挖掘矣。

　　我自學校畢業前後，以至現在為止，自飛行員以至大隊長，參加剿匪、戡亂數十戰役，經過時間約四年餘，親自出擊數百次，斬獲自屬不少，認為過去剿匪戡亂失敗的總原因，就是失敗在無思想和信仰兩方面，將士不能用命，徒呼奈何？！今後反攻大陸，還是要人人了解「生死共業」的問題，只有恢復革命精神，喚起民族靈魂，在領袖領導之下，萬眾一心，共匪何物，焉有不敗之理！我們的失敗，不是共匪利害，實在是我們自己不爭氣！只要我們自己站起來像個人，共匪就會倒下去了！革命的成敗，在此一舉，他日反攻，願效前驅，以吾人數十年必死之生命，作拯救中華民族萬古不朽之事業，謹拭目以待之！以此自勉！

附表五　忠烈姓名調查表

烈士姓名：徐飛

級　　職：空軍少校中隊長

所屬部隊：空軍第一大隊

戰役名稱：陝北之役

年　　月：36.9

地　　點：延安之南

備　　考：被匪擊落

烈士姓名：李蔭吾

級　　職：空軍少校副隊長

所屬部隊：空軍第一大隊

戰役名稱：河南之役

年　　月：36.11

地　　點：信陽東北

備　　考：被匪擊落

烈士姓名：王文星

級　　職：空軍少校分隊長

所屬部隊：空軍第一大隊

戰役名稱：濟南之役

年　　月：36.12

地　　點：濟南附近

● **時光琳**
作戰時級職：空軍第一大隊中校大隊長
撰寫時級職：空軍第二聯隊上校聯隊長

作戰地區：全國各戰區
作戰起訖日期：37 年 7 月 1 日至 38 年 6 月 31 日

華北西北東北各戰區偵察轟炸、濟南碾莊及徐蚌戰役、華東華中地區作戰

一、概述

　　民國三十七年七月一日繼王育根中校接長空軍第一轟炸大隊，該大隊當時編制計轄有三個蚊式機戰鬥轟炸中隊及一個 B-25 輕型轟炸中隊，蚊式機中隊各裝備飛機二十五架，B-25 機中隊裝備飛機十六架，連同大隊部配列之 B-25 機八架，共計飛機九十九架，飛行軍官一百二十員（蚊式機一員，B-25 機二員）。大隊部駐防漢口，直屬空軍總司令部，而受空軍第四軍區司令部之作戰指揮。三十八年元月移防台中，同年八月一日奉調空軍參校受訓，由副大隊長陳衣凡中校接長空軍第一大隊，指揮系統表如附表。

二、作戰經過

　　為支援全國各戰區之戡亂作戰，所屬第三、第九兩中隊長期派駐北平、西安，分別配屬於空軍第二、第三軍區司令部，並臨時機動分遣必要兵力進駐瀋陽、太原等地擔任華北、西北及東北各戰區之晝夜轟炸、掃射、目視偵察及指揮連絡諸任務。第一中

隊全部蚊式機及配列大隊部之 B-25 機，為支援濟南碾莊戰役及徐蚌會戰，於三十七年九月初由漢口移駐徐州，連同駐防漢口之第四中隊統受第四軍區司令部之指揮，擔任華東、華中地區作戰。後隨戰局之轉移，第一中隊於三十七年十一月底轉進南京大教場，第三、第九兩中隊亦於三十八年一月分別經由青島漢口而移駐上海，繼續服行戡亂作戰。至三十八年五月下旬上海戰役結束後，除以部分飛機隨空軍第四軍區司令部轉移衡陽外，各中隊人員、飛機、裝備器材全部遷返台中，施行整訓。全大隊在此一年當中，輾轉全國各戰區，日以繼夜，冒匪地面砲火及惡劣天氣奮勇執行低空偵炸掃射任務，獲得優良之戰果。在此期間，大隊部除計劃督導人員補充訓練、飛機整備及指揮部署各中隊之作戰外，並親自服行對碾莊、徐州、雙堆集、青龍集、安慶、荻港、京滬杭地區以及福州、建甌、邵武等匪軍陣地、船舶、交通、運輸之日夜偵炸掃射，與指揮友機對匪攻擊實施空投等任務，共二十三次。

三、檢討

（一）因我空軍兵力有限，致將一個大隊之飛機配列全國各戰區分割零星使用，且限於密接支援地面友軍作戰，有違空軍集中使用之原則，而未能充分發揮空軍之特性與功效，今後似應考慮之。

（二）在萊蕪、吐絲口、濟南、碾莊以及雙堆集、青龍集諸戰役中，共匪對於蘇俄軍事思想中「各個擊破式」及「一連串會戰式」殲滅原理之運用，甚為有效，吾人急應研究對策，以免在將來反攻作戰時再踏過去覆轍。

附表　空軍第一大隊指揮系統表

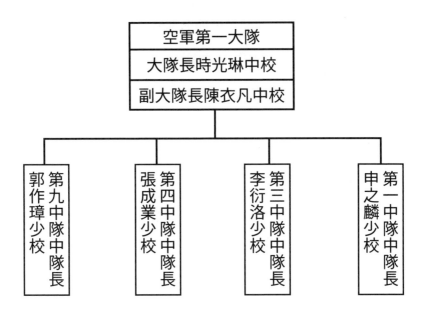

附記

（一）駐防南京、上海部隊受空軍總司令指揮所之指揮。

（二）駐防漢口、徐州、衡陽部隊受空軍第四軍區司令部之指揮。

（三）駐防北平、青島部隊受空軍第二軍區司令部之指揮。

（四）駐防西安之部隊受空軍第三軍區司令部指揮。

（五）大隊部另配列 B-25 機四架機動派遣作戰。

● 黃荷笙

作戰時級職：空軍第一大隊飛行少校一級副大隊長
撰寫時級職：馬祖守備區指揮部飛行上校一級副指揮官

作戰地區：魯南、徐州、陝北
作戰起訖日期：34 年 10 月至 36 年 6 月

魯南戰役、徐州戰役、陝北戰役

一、前言

　　民國三十四年十月抗戰勝利，由空軍轟炸第一大隊第一中隊長調升為副大隊長職務，時大隊正由芷江移防漢口基地，在職期間自民國三十四年十月至民國三十六年六月，先後曾參加魯南、徐州、陝北諸戰役，惟時間已超過十年，前各項詳細資料個人無存，現置身馬祖前方，欲向有關方面查詢亦不可能，故僅憑個人回憶對參加剿匪戡亂各戰役中，空軍在陸軍協同作戰上之組織、訓練、運用諸項分別檢討並陳述心得。

二、檢討
（一）組織

　　1. 空軍第一大隊為一中型轟炸部隊，駐防漢口，屬空軍第四軍區指揮，大隊使用之飛機為 B-25 中型轟炸機，所轄四個中隊，全大隊按編制約有飛機一百架，各中隊二十五架，飛機之損耗無補充來源，人員訓練補充亦不易。

　　2. 當時陸空協同作戰之組織，由空軍軍區司令部派出必

要作戰、情報人員組成指揮所，與所在地之綏靖公署或剿匪總司令部互相連絡，建立協調關係，往往作戰狀況之溝通、情報運用交換，不能適時適切，達到良好之效果，陸空協同作戰之組織未盡完善。

3. 空軍設有陸空連絡組，派遣連絡官及電台分赴各步兵師工作，對指揮我機在前線攻擊目標，頗著成效，但因陸空協調尚不夠密切，或因人員素質訓練不足關係，仍未盡理想。

（二）訓練

1. 抗戰期間，空軍轟炸第一大隊，原為中美人員混合編成，屬中美混合團之建制，曾經受過美軍十四航空隊在印度所設之戰鬥訓練，抗戰勝利後美員返國乃恢復國軍原來建制，故部隊人員之訓練、裝備、士氣以及作戰經驗等均非常完整，有充分之戰力。

2. 剿匪戡亂期間人員裝備亦有損耗，尤以成熟之戰鬥空勤人員訓練補充無來源，部隊一面作戰一面仍須負擔訓練各項人員以維持戰力，人事調動頻繁，原訓練成熟之戰鬥編組逐漸破裂，漸次新進人員到隊更加重部隊訓練負累，影響戰力。

3. 國軍在當時陸空雙方對於陸空協同作戰之戰術思想，尚未能統一有深切之認識與瞭解，故對各項陸空協同作戰訓練亦為草創，教官之選拔、教材之採用、設備之簡陋均未達到合理之要求。

（三）運用

1. 空軍轟炸第一大隊在抗戰期間訓練與作戰，多著重擔任對敵較遠程之基地設施轟炸任務，以遂行空軍反制

作戰，並擔任對敵交通、車站、碼頭、船艦等轟炸任務，以遂行阻絕作戰，對密接空中支援之陸空協同有關之作戰任務，視情況亦偶有運用之。

2. 在當時剿匪戡亂期間，對匪無空中顧慮，且匪區後方少有重要設施各項有利於轟炸部隊之目標，故我轟炸部隊常大部運用於擔任第一線密接空中支援任務。在戰術上著眼，各項飛機之設計，皆針對其任務能經濟而有效的發揮其特性而設計製造，故對此項任務以使用戰鬥轟炸機最為適合而有效，若使用轟炸機雖更能發揮較大威力效果，但未免有殺雞焉用牛刀之感，充分運用過多有違兵力經濟運用之原則。

3. 空軍在第一線擔任密接支援時，戰況隨時變化，目標之移動性甚大，往往因情報傳遞失時，錯過有利攻擊目標，且空軍有限兵力，戰場滿天飛機，常盡全兵力之運用，尚不能滿足友軍之要求，浪費甚大，且軍種間作戰協調不密切，故收效亦不佳。

三、心得

（一）自從有空軍以來，在作戰貢獻上，大有革新，惟一直將空軍作為輔助部隊或附屬兵科，美軍積二次大戰及韓戰之經驗及血的教訓，至今對陸空協同作戰方有一新的戰術思想，以建立現行的陸空聯合協同作戰的組織與體制。

（二）陸海空三軍種各特性不同，為使各能發揮其充分效能，各為獨立軍種，立於平等地位聯合協同作戰，皆不相隸屬，惟三軍力量要成為一體，使充分發揮整體力量，必需要有密切之協調與合作，要有相互間之瞭解與相互間信賴，

更需促成軍種間敦厚之友誼與深切之情感方能達成之，此為軍種聯合協同作戰成功之基礎。

（三）戰術空軍為擔任軍種間聯合協同作戰之專設部隊，其組織、裝備、訓練皆經專門設計，為使適應聯合協同作戰之基本空軍兵力。

（四）戰術空軍之作戰任務有三：

　　1. 反制作戰，

　　2. 阻絕作戰，

　　3. 密切空中支援。

　　1、2 兩項任務皆係空軍主動計劃對敵之作戰，有時 2 項任務為友軍所申請者，惟 3 項任務多係友軍所申請支援者，空軍轟炸部隊多用於 1、2 兩項任務，少用於 3 項任務，戰術空軍之主兵力為戰鬥轟炸機所構成。

（五）戰術空軍在協同作戰之運用，對所需空軍兵力分配，於計劃任務時之優先順序應考慮以反制作戰為第一，阻絕作戰為第二，密切空中支援為第三，剿匪戡亂作戰期間對匪無空中顧慮，故未考慮反制作戰，現匪有強大之空軍，故今後之剿匪反攻對反制作戰必需優先加以顧慮。

（六）戰術空軍作戰運用之原則

　　1. 集中管制：空軍各部隊應視為一整體集中運用之，以符合攻勢機動奇襲安全簡化合作諸戰爭原則，尤符合於目標集中、經濟各原則。

　　2. 努力協調聯合之行動，其成功之效果，乃在努力協調合為一體，產生聯合力量。

　　3. 伸縮性：戰術空軍在組織上，計劃上、管制上、執行上均要使有充分之伸縮性既彈性，此為作戰成功之關鍵。

4. 運動性：戰術空軍在作戰行動上或部隊調動時須充分保持發揮其作戰與行政效率，務使作戰不因而中斷，而不失去管制之效能。

四、建議

國軍在目前對在台灣本島及金馬外島防禦對戰已建立完善之聯合作戰組織體制，惟對今後反攻大陸之剿匪戡亂作戰之聯合作戰之組織型態，應即從速研訂並須充分儲備必需之裝備及訓練足夠之人員，尤對軍種聯合作戰之軍事思想，應力求普及溝通與統一。

● 陳衣凡

作戰時級職：空軍第一大隊中校副大隊長
撰寫時級職：空軍訓練司令部上校參謀長

作戰地區：遼北省四平街
作戰起訖日期：36 年 5 月 27 日至 8 月 4 日

四平街戰役

會戰期間：自民國三十六年五月廿七日至三十六年八月四日
會戰地區：遼北省四平街周邊地區
參戰部隊：陸軍第七十一軍及八十八師
　　　　　空軍第一大隊一個中隊
　　　　　空軍第四大隊二個中隊

一、部隊概況

　　空軍第一大隊於抗戰期間配屬於中美混合聯隊，所用裝備為 B-25 中型轟炸機七十五架，抗戰末期轉戰於廣西、湖南等地區，勝利後大隊遷駐漢口，大隊長為空軍上校王育根，大隊之下轄空軍第一、第三、第四、第九，共四個中隊，每中隊之實有戰力為 B-25 十八架左右。由於抗戰期間作戰飛機已有部分損耗，及戰後美援停止，器材甚感缺乏，飛機妥善率僅能保持百分之六十，戡亂期間為適應各戰區之作戰需要，乃作如下之部署。

第一大隊大隊部　　駐漢口，受第四軍區司令指揮
第一中隊　　　　　駐漢口，受第四軍區司令指揮
第三中隊　　　　　駐北平，受第二軍區司令指揮，
經常保持一分隊　　駐防瀋陽，受空軍第一軍區司令指揮
第四中隊　　　　　駐漢口，受第四軍區司令指揮
第九中隊　　　　　駐西安，受空軍三軍區司令指揮

　　由於戡亂作戰戰區遼闊，戰場繁多，在在均有賴於本大隊之空中支援，以致形成兵力分散疲於奔命之現象，而部隊因連年作戰，裝備無整修之機會，戰力日減。在戰術運用上更喪失集中優勢，機動使用之強韌性作戰之特性，因之四平戰役中，僅能調配一部戰力支援方面之陸軍作戰，當時參與四平會戰之部隊僅有第三中隊一個分隊及一、四中隊之兩個分隊，合計兵力不及一中隊，使用 B-25 機十二架，進駐瀋陽東塔機場，由余（當時任本大隊副大隊長）負責指揮。

　　空軍第四大隊原駐防北平，臨時以兩個中隊進駐瀋陽北陵機場，與本大隊並肩聯合支援四平地區地面部隊之作戰任務。

二、作戰前後之狀況

　　我政府於八年抗戰勝利之後，國家元氣大傷，百廢待舉，復元工作正待展開，而共匪寶藏禍心，阻礙建國工作之進行。軍事有賴經濟之支援，而經濟情況已瀕於崩潰之邊緣，共匪乃利用八年流離人心厭戰之心理，復因美國對華政策之缺乏遠見，力倡聯合政府之主張，予奸匪以可乘之機，形成打打談談之危惡局面，使共匪坐大，終掀全面叛亂之後果。東北局面自始至終悉處於動盪情事之中，先是蘇俄阻礙政府之接收，復將繳自日軍槍械編裝

匪軍，並於哈爾濱、佳木斯等地區設置共匪訓練中心，茁壯匪軍戰力，因之長白以上諸地區皆為奸匪所盤踞。國軍進入東北後，以瀋陽為中心，沿南滿鐵路線設防，自三十五年冬季迄三十六年上半年，共匪於長春以北數次作戰後，匪軍勢力日漸猖狂，國軍於鐵嶺、昌圖、四平、長春等地區雖駐有力部隊，然由於戰線過長，首尾不能呼應，予匪以自由穿梭進出之機會。截至三十六年五月初旬之國軍態勢，新一軍於鐵嶺地區，七十一軍於四平街、八面城地區，另有國軍有力之一部駐於長春、懷德等地區。六月初旬，匪軍以數個縱隊之兵力長馳南下，有進窺鐵嶺、昌圖，攻佔瀋陽之趨勢，迨進至新開原以西之地區後，見於國軍實力雄厚，乃停止其昌然之攻擊，遂即反轉圍攻四平街。於此期間使用空軍之全力，實施偵察、轟炸以遲滯匪之行動，四平街守軍已集中兵力，並於四平街周圍構築堅強工事，決心固守四平街持久作戰，鐵嶺、法庫地區國軍準備向北攻擊以解四平之危，長春國軍因距四平較遠，除以部分部隊作策應之作戰外，主力仍於長春地區監視匪後續兵團之活動。自三十六年五月中旬以後，空軍即開始廣泛之偵察搜索，當時之作戰態勢，我軍實處於有力之地位。

三、我軍作戰指導

1. 陸軍以七十一軍八十八師及二七三團於四平街周邊加強工事，持久作戰固守四平，以摧毀匪之進犯企圖，另以鐵嶺、法庫間國軍之有力部隊向北攻擊，支援四平守軍之作戰。

2. 空軍以駐瀋陽空軍之一部協力鐵嶺部隊之作戰，主力支援四平陸軍之作戰，務期達成以空中優勢火力摧毀並遲滯匪軍對四平之攻勢。

四、作戰經過

　　五月下旬匪軍以五個縱隊之兵力，沿中長鐵路線以西南下，似有向鐵嶺以北地區攻擊之企圖，空軍經常派機偵察，嚴密監視其動態，並於有利之時機實施轟炸掃射。至六月初旬，判明匪軍以一部對鐵嶺我軍拘束，以主力折返四平，企圖攻佔四平街，而匪軍大部均向四平方面集中移動，空軍於此期間除嚴密搜索外，並事實予匪以有力攻擊，阻滯其行動，迄七月初旬，匪主力已進至距四平之南十五－三十公里之附近地區。

　　空軍第一大隊依情況以全力轟炸匪軍，特注匪之砲兵車輛部隊、匪後方補給線，以及匪之後續增援部隊等，自晨至晚賡續出動，使匪軍開始由四平街南、西南及西三個方向沿虹牛哨、大漥、泉溝之線向四平街攻擊，四平東及東北半拉山門、楊木林等地區亦同時發現匪之少數部隊，至此匪軍對四平街已完成包圍之態勢。空軍第一、第四兩大隊均使用駐瀋陽之全部兵力輪番出動支援四平，每日出動飛機約三百架次以上，使匪之攻勢遭受挫折並造成匪軍之亟大傷亡，而國軍於四平街城外環城挖抉壕溝，寬約十米，深約十五米，阻止匪之諸兵種部隊之攻擊前進，待匪軍接近壕溝之附近時，守軍以優勢火力，空軍以全力對地攻擊，在陸空緊密協同之統合戰力下，使匪之人海攻擊無所施其伎。然經匪數次增援，前仆後繼，傷亡累累，犧牲慘重，乃利用夜間反覆攻擊，終將四平街南部城防陣地突破一孔，約一團匪軍衝入城內，待至次日天明後，入城之匪全部遭我守軍殲滅。至七月下旬，在匪軍屢次衝鋒攻擊下，竄踞四平西半城，此際南方國軍與匪相持於鐵嶺、開原、昌圖之間，前進至為遲緩，空軍於此期間以全力實施對匪攻擊，輪番炸射阻絕戰場，使匪終陷於苦戰之境。迄八月初，匪之攻勢已漸感不支，乃於八月三日晚間主力向

八面城方面潰退，空軍於次日清晨以大批機群攻擊八面城及其周邊之殘餘匪軍，此間南方支援之國軍進展已漸迅速，四平街之圍宣告解除，並獲得輝煌戰果。

五、戰鬥後之狀況

　　四平街會戰自空軍行動開始至地面戰鬥結束止，歷時約為一個半月，由於守軍士氣之高昂及作戰意志堅定，城防工事之堅強以及空軍之緊密支援，乃為獲勝之要原因。空軍於會戰期間自至終予地面部隊以有力之支援，而匪之大部死傷均由於空中攻擊之結果，可謂空軍對於本戰役中輝會最高之戰力，四平街之屹然確保不墜，空軍實居首功。

　　四平會戰結束後清點戰果，匪軍死傷三萬之眾，積屍盈野，其慘狀不忍足睹，我方平民之死傷超過軍隊者數倍，實為本戰役之最大缺憾，蓋由於情勢之所迫，守軍當局無法對大批難民作妥善之疏散與安置，遂造成民眾之極大傷亡。

　　本戰役雖告獲勝，然四平、瀋陽間之鐵路交通並未打通，四平街形勢仍陷於孤島之勢，鐵嶺方面之國軍與四平街部隊仍未會合，是以四平街終未得免於爾後會戰中陷落於匪手之命運，故四平街戰役之勝利，無補於東北整個局面之改善。在匪軍方面，四平會戰雖遭受慘重犧牲而失敗，然對匪在東北之整個形勢並無若何影響，匪於撤退之後充容重整其戰備，仍能捲土重來，自由進出於遼北之廣大地區。

六、檢討
（一）匪軍事作戰方面
　　1. 匪軍在東北之戰略與戰術，溯自抗戰勝利之後匪殫思

竭慮如何可使削弱國軍而壯大自己，故於其叛亂之初期，則取戰略為守戰術為攻，在全盤戰略上採取守勢，保全實力壯大自己，在戰術方面則集中優勢以大吃小，積小勝而為大勝，故採取全面攻勢。然匪於竄踞東北後則情形略有改變，即在戰略戰術兩方面均取攻勢，企圖於短暫時間內乘國軍於東北地區立足未穩之際，攫取整個東北作為其叛亂之永久根據地，更由於地理形勢之使然，毗連蘇俄可以連成一氣，便於軍事上支援，故匪在東北之戰略與戰術，均取攻勢殆非偶然。

2. 四平戰役中匪所使用之戰術，集中優勢、速戰速決、採取人海攻擊，以期一舉而攻陷四平，切斷國軍陷於南北分離，而再予以各個擊破之。在攻擊進行，無論戰勝戰敗，相機迅速脫離戰場，保全實力而謀取再度會戰之機會，故四平之會戰，匪軍完全處於主動地位，在會戰無操勝算之左券時則毅然撤退，期在撤退中，除空軍予以阻擾之攻擊外，陸軍無力發動追擊，使匪安然離去。

3. 匪軍在戰術運用上極為成功，匪軍在戰略運用上越過長春、四平等據點而直接南下進窺瀋陽，企圖戰攻略瀋陽穩定整個東北局面，其後見於實力不夠，中途改變作戰計劃，返師包圍四平，出我始料所及。而在作戰過程中，尤能發揮拘束與打擊之戰術，使一部於昌圖、鐵嶺間拘束我國軍之北上，而以主力圍攻四平實施所謂圍點打援之戰術，會戰雖敗，但其在戰術運用上頗為成功。

4. 集中優勢利用人海戰法，匪軍於本戰役中仍沿用其慣用之戰法，即集中優勢打擊一點，於攻擊未能奏效時即迅速脫離戰場，不作戀戰或持久之打算，陷全軍於危險之境，故其在優勢作為，極為澈底，在攻守進退顯現活潑，用兵頗具神效。

5. 匪軍於本戰役中民運工作謀略宣傳各方面亦均成功，戰場情報之封鎖，使國軍對敵動態之掌握除空中偵察搜索外，可謂毫無情報可言，匪在攻擊發起後，對空中攻擊毫不顧慮，縱冒最大之犧牲亦在所不惜，仍維持其攻勢之持維力，在匪之訓練及宣傳方面均甚成功。

（二）我軍作戰方面

1. 我軍之優點

（1）本次戰役在作戰指導上並無錯誤，而且在態勢上於我軍甚為有利，如能運用良好，可以南北夾擊匪軍，澈底消滅敵人，惜在作戰行動上未能盡如理想。

（2）我軍裝備優良，火力甚強，作戰意志堅定，士氣甚高。

（3）我方空軍支援力量強大，陸空協同作戰對匪構成最大之威脅。

2. 我軍之缺點

（1）國軍在東北之部署，佔據各點容易被匪包圍，且缺乏機動使用之效，不能互相支援，容易被匪各個擊破。

（2）國軍於據守一地後變成為死的力量，支援作戰之友軍行動遲緩，難以發揮此呼彼應之效，各軍間

　　　　　保存實力，缺乏互助合作、馳援友軍之高度犧牲
　　　　　精神。

　　（3）於匪之進攻撤退等期間，情報據〔搜〕擊毫無，
　　　　　除空中偵察外無情報可言。

　　（4）陸空聯絡不盡理想，地面部度對空軍之了解不夠
　　　　　充份。

　　（5）空軍在會戰期中因基設備不夠，缺乏夜航設備，
　　　　　於夜間空軍不能實施夜間支援作戰。

　　（6）陸空聯絡裝備不良，連絡不夠密切並缺乏對空作
　　　　　戰管制之機構，空軍對地攻擊不夠完全適合地面
　　　　　部隊之要求。

（三）本戰役之經驗教訓

　　1. 本會戰之所以能獲得勝利是靠兩個條件，其一是地面
　　　　部隊之旺盛戰鬥精神及作戰意志力，其二為空軍之全
　　　　力支援，與敵以有力之空中打擊。四平守軍將士如無
　　　　與城池共存亡之決心及意志，則匪軍於攻陷四平城內
　　　　一辦之時，必將動搖軍心，打擊士氣而放棄組作戰之
　　　　能力。本會戰之成功，一半以上為空軍所奏功，蓋匪
　　　　軍在接近城池之前，空軍即予以最大之打擊，造成其
　　　　傷亡累累，削減其兵力之大半，故空軍在本戰役中實
　　　　顯現出其最大之威力。

　　2. 空軍以全軍兵力言，中型轟炸大隊僅有一個，大隊所
　　　　支援之戰場過多，以致造成分割使用，兵力處處薄
　　　　弱，不能發揮機動集中使用之效。於本戰役中，空軍
　　　　雖創造優良之戰果，但以少數飛機連續出動多次任
　　　　務，無論人員與飛機均已超出其一般應負荷之工作能

量，器材之過度消耗；減損而後之作戰力，且因飛機少，對有利之目標往往不能發揮及時攻擊或攻擊澈底之效。本戰役中如能獲得更大之空軍兵力參戰，不僅會戰時間可以縮短，而且將能獲致更大之戰果。

3. 空軍戰術管制單位（當時稱為陸空連絡）為陸空聯合作戰之有效指揮機構，使戰術空軍能發揮經濟有效之使用，於本戰役中並無戰術管制之機構負責戰場上之空軍指揮，陸空無通話電台，使陸空無法連絡形成各自為戰，因之部分兵力流於浪費，而陸空兩方亦未能達緊密配合發揚統合戰力之效果，故戰術管制機構實為陸空聯合作戰所必需。

4. 匪軍慣用戰法為晝伏夜擊，匪主要之攻擊行動均於夜間實施，本戰役中空軍因基地無良好之夜航設備，以致空軍夜間不能出動，地面作戰部隊在夜間不能獲得空軍支援，而空軍亦失卻對匪良好攻擊機會，白晝攻擊多由於匪軍之隱蔽偽裝不容易發現有利目標，是故空軍於戡亂中夜間使用將更發揮空軍之戰鬥威力。

● 楊履祥

作戰時級職：空軍第一大隊副大隊長
撰寫時級職：空軍第六聯隊上校副聯隊長

作戰地點：舟山、海南

作戰起訖日期：38 年至 39 年 4 月

作戰經過－以台灣為基地之戰鬥轟炸任務

　　三十八年調任第一大隊副大隊長，使用蚊式及 B25 兩種飛機，經常駐防舟山與海南擔任出擊上海一帶及昆明等地戰轟任務。

一、舟山駐防作戰

　　除搜索長治號及經常炸射長江船艦外，並參加登步島之役，登步為諸島中接近舟山最東之一倒，與桃花島僅一帶之隔，且桃花較大，故匪可於桃花上大量準備，然後再於夜暗偷渡登步，匪偷渡之日（日期待查）我地面部隊船運接應，匪於一夜之間偷渡完成後，即將我壓迫至一角，次日經一日之戰鬥，我大部收復。然匪猶不肯休止而繼續增援，次一夜竟奪取我 450 高地（該高地位於登步西北面，為登步之最高點，山頭早為我挖空，使變為極堅強之堡壘），匪於占領後，並將我壓迫至無險可守之東北一角，情況極為險惡，我雖援軍開至，對 450 高地亦仰首興嘆，屢攻不下。時副統帥座鎮登步，副署長賴遜岩上校擘劃指揮，召集各部隊長（四大隊由副大隊長王延齡帶隊）研商對策，余提出須用重磅延期信管爆炸彈以極低高接近目標投下法，以對付 450 高

地，否則以大高度俯衝轟炸而目標太小，必無甚效果。時各部隊參加開會人員多無經驗，不敢作肯定之貿然嘗試，當時賴上校命余掛彈試投，彼另駕機在空中觀察，經試投結果，極為良好，賴上校認為此種戰法可用，毅然採納余之建議，經半日雷霆萬鈞轟擊下，450垂手而得。至是匪軍立足不住，勢促氣餒，非葬身魚腹，即垂首就降，是為有名登步之捷，與金門大捷相輝映。

二、海南駐防作戰

（一）炸射昆明等地

曾率機六至九架不等，多次炸射昆明、陸良、霑益、雲南驛等地遺留之殘破飛機，以免為匪修復利用。

（二）以 B25 炸射保山匪機

匪經常以修復妥善之 C-46 帶彈轟炸蒙自，擾亂我駐軍二十六軍，余奉令以 B25 機飛保山搜捕，於三十九年元月 X 日自海口起飛，經蒙自未落地逕飛保山捕捉。過去抗戰期間在雲南一帶，因無線電之助航極易飛行，而此次在萬山之中，既無定向之助航並時近傍晚，目標極難尋覓，兼之航程過大，偏航機會亦隨之增大，況在叢山峻嶺內飛行，氣流既不穩定，由海口飛保山，步步爬高，無異仰攻，且必須接近目標上空始能找到，故幾經週折，才好容易找到保山。在機場跑道上，赫然 C-46 機兩架，停於跑道之兩端，經數度掃射，目標可能中彈，但未起火，因諸槍偏差過大，瞄準極為不易，子彈已罄尚無良好效果，迨至蒙自落地，已時近黃昏矣。

於糊亂進餐之後，開始校靶，蒙自戰地，設備全無，於是用一馬燈，置約 200-300 米之處，將諸槍校於一點，並校

正瞄準鏡及瞄準環，待飛機加油檢查等諸準備妥善後，就寢已時至深夜，次晨黎明於摸索中起飛（深恐匪機逃脫），至保山上空太陽尚未登山，見兩匪機 C-46 仍停原處未動，機身紅星標誌顯明可見，經一擊之下，飛機尚未脫離，即見火光炯炯矣。於一個拍司之中，兩次射擊，則二機應聲俱焚，山晨無風，濃煙四屢，直升達三千呎以上。

於飛返途中，一路偵巡，於昆明機場又射擊留置之飛機，子彈過處，飛機包皮亂飛，顯現火力異常猛烈，想各機油均已露罄，未有起火。

（三）炸射雷州半島來犯之匪

三十九年四月 X 日，匪以機帆拖木船渡海，適天氣陰雨惡劣，飛機無法出動，除該登海口以北之一股完全消滅外，其餘海口、舖前港登灘之一股，經一日之空中地面圍擊，終被逃竄山中。

X 月 X 日於臨高角登陸之匪約一萬人，適晨間有霧，飛機無法出動，致匪船方能安全登陸，地方守軍亦極有限，且馳援部隊之攻擊力亦不如理想，該股突圍後，裡應外合，直取海口，海口隨不戰而敗。

檢討

1. 匪軍之築城戰術：華北草木不生，入冬尤甚，故空中能予莫大之打擊與威脅，以大同一例，匪逐漸運用民工，挖掘地道，保障作戰之安全與成功，我空中幾致無法攻擊，故匪於華中華南各役，運用地道更為廣泛。今後對匪之地道戰術，極待找出有效之對策，此亦可作為我地面部隊對付空中威脅之參考。

2. 戰術空軍之運用三原則，為：

(1) 空軍優勢；

(2) 孤立戰場；

(3) 直協地面作戰。

除第一原則（匪根本無飛機活動）不必考慮外，其餘兩大原則，在四平戰役中，曾充分發揮作用。

3. 陸空通信極為重要，本溪湖之役，乃陸空雙方直接作戰人員之聯繫，故指示之目標極具空中攻擊之價值，故陸軍中之對空聯繫電台，有研究加強並善為運用之必要。

4. 在戰地緊張激烈之場合，對空勤人員之食住衣行娛樂及洗澡設備、書報雜誌、軍郵等設備不可少，以利恢復疲勞而安戰鬥人員之心。

5. 有時平淡的任務及無意之中，往往能達成輝煌戰果，如梅河口誤中匪軍火庫，延燒三日，大火未熄，在大同城北之一廟內，炸死匪軍千餘（以上兩項均經地面證實），其次就是主動的發揮服務精神，亦能不知不覺影響部屬及獲得上峰的嘉許。例如保山消滅匪機任務之達成雖甚平常，統帥則認為能自動想出辦法，連夜校正機槍，主動設法達成任務，不但面予嘉獎，並給予極豐富之物質獎勵。

6. 匪軍潰逃之際，追擊實為擴大戰果之必要措施，由空中看起來，佔領長春時（幾乎未加追擊，任其自動退卻），不如本溪湖啣尾追擊之有效。

7. 空投補給：據余所知，地面守軍亦往往不能保持一有效之空投場場面，一般空投高度，亦均未能適合場地面適當採取高度，以致散佈面因高度增高而加大，因而減低空投效果，甚至反將彈藥補給品資匪。一般空投應以小速度及 1000 呎以

下，有地面砲火威脅之地區應以大速度（或正常速度）、2000 呎以下，如超過 2000 甚至 3000 以上時，則散佈面自然加大矣。以上乃民國三十九年以前剿匪之標準，加以追述檢討耳，至今後當須視有關之因素而重新研討。

8. 蚊式機性能優越，為當時機群之冠，四砲四槍威力強大，其缺點為木質構架，難以保管及起落較為困難，故失事甚多，人員亦犧牲不少，投彈及射擊均訓練不足，當時負責訓練者為加拿大教官，教育方法亦未臻理想，其投彈法經余加以改進後（改為俯衝投彈及超地空投彈），攻擊船艦已能十中八九，惜發揮性能之時，業已接近尾聲，旋即報廢，至於今日換裝機種，如美軍訓練我空地勤人員之方式及今日炸射比賽之措施，可以彌補過去蚊式機所遭遇之弱點。

9. 軍用飛機應有裝甲，空運機亦不例外，回想 B25 機之防彈玻璃及護身鋼板，上面之彈痕疊疊，否則余之死或傷之機會，已不下十次以上矣。抗日及戡亂，飛機受傷達數十次之多，長官及朋友均謂余作戰勇敢，殊不知余靠安全之裝備及優越之技術（自信）兩項法寶以維繫，故空運機不擔任戰地之空降空投任務則已，否則軍事空運機不能與一般民航機並視，實有設置各種裝甲之必要（余意此事至少有建議美軍研究之必要）。

10. 海南島之失，在我陸海空三軍拒馬之下，匪木船十餘艘，如入無人之境，浩浩蕩蕩渡海，其膽何大，而略加抵抗即放棄海口，我之膽又何小！檢討所得各點如下：

（1）匪各次均利用惡劣天氣渡海峽來犯。

（2）如能儘量利用空投照明傘，以利海空炸射，當極有利（空軍未必能出動，但艦砲可借照明傘瞄準射擊）。

（3）對岸匪船我雖事前發覺有集結現象，但缺乏地下情報加以證實。

（4）海口殲滅戰為極其重要之階段，惜未能有效實施，任其登陸成功。

（5）既登陸後，在灘頭上我支援部隊雖已到達，僅採對峙態度，未能有效加以攻擊並殲滅於灘頭，致一入夜晚任其流竄入山，有如水銀瀉地矣。

（6）我陸空聯繫有問題，我擔任殲匪之部隊無對空台，空中攻擊時，我地面無行動，此時應利用我炸射匪無法抬頭之際主動加以攻擊，空地配合（曾記得攻擊集寧時，我機一到上空，即見我地面部隊蠢蠢蠕動，我炸彈一下，時傅作義部即攻擊前進，我機掃射配合，眼見即佔領集寧西南山頭，十分鐘後，即見我國旗飄揚山上）方能見效，否則僅取觀望態度，坐失攻擊之機會矣。

（7）我地面部隊之攻擊力量，顯示過於薄弱，匪多為雜色服裝，可能多為臨時拉來民伕，等我機返回加油掛彈再來時，則眼見匪軍灘頭逐漸擴大。

（8）飛機掃射一詞，余對攻擊艦以「掃射」之方式甚表懷疑，蓋掃射乃對陸地散漫目標人馬等加以制壓性之威脅，故美軍校靶所用之靶標，亦採是項原理，乃對於「面」之射擊，甚或在空戰中對敵機之人員或飛機油箱，中一、二顆子彈於其要害，即足以致命，是項校靶所射出之子彈，多散佈目標之四週，而真正命中目標者，最多亦不過十之一二，然集中校靶法，則子彈可命中百分之九十以上（甚至百分之百）。再者，余發現是役中絕大多數戰鬥機（F51）均以大角度俯衝，先射擊

後瞄準（即掃射法），大多數之子彈在水中擊成一條浪花，及至彈著接近目標時，飛機已至必須脫離之距離矣，如此雖射擊子彈不少，實際命中無幾，余之以集中校靶法，以小角度進入，於精確瞄準後之射擊，親見船板飛入空際，子彈全數打擊船上，其戰果熟大，威力熟強，不言可知矣。

（9）三十四年八月抗戰勝利以迄大陸撤退，此段時間之戡亂任務，因匪集散無常，無較大之目標，故多為單機出動，兼之情報不靈，為臨時尋找轟炸目標，在零散出擊之情況下，甚少成效可言。

● **伍正弼**

作戰時級職：空軍第一大隊第三課少校課長
**　　　　　空軍第一大隊第三課中校課長**
撰寫時級職：空軍氣象聯隊上校一級主任

作戰地區：大陸各地

作戰起訖日期：35 年 6 月至 37 年 12 月

剿匪戡亂作戰詳歷及心得報告

前言

　　奉命撰述剿匪戡亂作戰詳歷及心得報告，憶自民卅五年五月參加戡亂以迄卅七年轉進台灣期間，任一大隊三課課長職，該期間一大隊各中隊作戰飛機遍佈大陸各地，對戡亂各役，幾無役不從，因非作戰指揮機構，有關作戰資料（包括匪我戰前狀況、我軍作戰指導、計劃部署、作戰經過、戰鬥後狀況等）亦因調動換防頻繁，當時即無一較完整而有系統之資料，此後又因一再遷徙，雖原番號未變，彈裝備歷經更換，主官頻易，而原始資料殊難獲致，因此欲撰述一較完整之戡亂作戰詳歷，實力不從心，謹就記憶所及，作一般心得經驗教訓之檢討，臚陳如下。

概述

　　民卅五年五月奉調空軍第一大隊作戰參謀主任，旋改組後任三課課長，掌管全大隊作戰訓練工作，該時期大隊部駐防漢口，機種為 B-25，於卅七年出始陸續換裝完成第一、第三、第四，三個中隊之蚊式機裝備，所轄四個中隊當時分駐以下各地：

第一、第四中隊駐防漢口

第三中隊駐防北平

第九中隊駐防西安

　　當時各中隊由各駐在軍區司令部負責指揮作戰事宜，如遇戰況之需要，則由總部直接命令調遣，因此在戡亂期間，本大隊經常分佈於漢口、北平、西安、瀋陽、濟南、徐州、太原、青島諸基地，執行各地戡亂任務，以迄轉進台灣為止。鑒於本大隊分佈之廣，調動又極頻繁，在擔任戡亂期間，復於民卅六年中奉命接收蚊式機，因此將全大隊之 B-25 機逐次集中西安交九中隊接收，僅小部留大隊部使用，以應上級作機動之調遣。

檢討

　　在戡亂期間（卅五年中至卅七年底）大陸多次戰役中，匪方幾無任何空軍活動，故我空軍對支援友軍作戰與單獨執行任務對匪共中之襲擊可無任何顧慮，雖當時匪方無空軍應戰，而實則已在佳木斯從事積極訓練空軍中，以當時情況言實緩不濟急。在該一期間匪方為提高匪軍作戰士氣，使不致受我空軍作戰之影響，對無知之匪軍極盡宣傳之能事，以袪除匪對我空軍之畏懼心理。此外，並在各戰區普遍行動，使我有限之空軍疲於奔命，常有顧此失彼之感，影響所及實非淺鮮。

我軍優點與缺點

優點：

1. 第一大隊與戡亂各戰役中所表現之高昂士氣其地勤人員密切之合作，冒險犯難之精神，迄今思之，猶深感動。

2. 自 B-25 擔任戡亂，期間因任務頻繁，每中隊之飛機分散各處，不易集中，致使循照計劃之正式訓練亦無形停頓，幸有賴各層級之努力，寓作戰於訓練，於作戰中得以順利進行訓練工作並完成之，使作戰必需之新生力量不致中斷。

缺點：

　　以一大隊之有限兵力參與如此廣大區域之戡亂工作，而各戰場之每一戰役，雖其先後發生時間不同，輕重各異，但每一戰役之迫切需要空軍之協戰，如大旱之望雲霓，使大隊之飛機往返奔波，以適應各方之需求，以致對正常之維護與修理均受莫大影響，甚或遭受損失，而對作戰人員之心力尤感疲困，對大隊本身之實力言，因過於分散，未能充分發揮集中使用之效。

結論

　　基於上述綜獲結論如下：

1. 學校與部隊之訓練密切配合，以減少部隊不必要之負擔，使能專心作戰。
2. 迅速適當處理匪對我方之偽宣傳，並對匪適時作反宣傳工作，以爭取主動。
3. 對武器之修理與維護，必須嚴格執行，俾減少不必要之損失。
4. 大隊兵力過於分散，使集中不易，力量受損。
5. 盡可能減低作戰人員之疲困，以增強作戰效果。

● 卿特生

作戰時級職：空軍第一大隊第三課航炸上尉航行參謀
撰寫時級職：空軍作戰司令部作戰處
**　　　　　　航炸中校一級連絡官**

作戰地區：延安

作戰起訖日期：36 年 3 月 13 日至 20 日

收復延安戰役

概述

　　空軍第一大隊轄第一、第三、第四、第九，四個中隊，使用
B-25 機約 70 餘架，大隊部及第一、第四兩中隊駐漢口，第三中
隊駐北平，第九中隊駐西安等地，受第一、第二、第三、第四、
第五各軍區司令部之指揮，參加戡亂作戰任務。

　　空軍第一大隊在抗日戰爭末期為中美混合團中國空軍部隊之
一，當時中美混合團中之中國空軍部隊有一、三、五，三個中
隊，第三、第五兩個大隊為戰鬥大隊，使用機種為 P-51，故飛
機性能優越，人員技術精良，在戡亂戰鬥過程中沒有一次戰役無
B-25 機參加的，故於命令執行任務達成均有高度效能之表現，
當時任正、副大隊長為王育根、黃荷笙二將軍。

作戰前之狀況

　　土匪繼政治協商會議之後拒絕軍事調處，指使其外衛民主同
盟發動反美運動，逼使美軍撤離中國，並停止軍事援助。土匪部
隊在蘇俄掩護支援下，發動全面武裝叛亂，破壞交通，焚毀工廠

礦場，燒平村鎮，屠殺人民，擴充地盤，濫發偽幣，凡所威脅國家安全者無所不為，以期顛覆政府奪取權政，因而迫使政府不得不採取軍事行動以敉平內亂，使全國趨向於還鄉復業各安生計，以近我政府保國衛民之職責。

作戰經過

　　大隊在此次戰役中以駐西安之第九中隊飛機為之，另調集第一、第三、第四，三個中隊兵力之一部配合，全軍八個半大隊兵力，期一舉殲滅頑敵。當時指揮作戰之第三軍區司令劉國運將軍於任務提示中曾作豪語云：「中國能使用這樣大的兵力是史無前例，如果這次戰爭能得獲勝，因而戡平匪亂，國家得到和平建設，相信 30 年以內無來者（不會再有戰爭會使用這樣大的空軍兵力）」，我想這句話在當時參加的人員中定有能記憶者。本戰役國軍士氣高昂，陸空協同圓滿，使戰局順利推進，不一週而佔領延安達成任務，本大隊飛機有迫降者，但人員無傷亡。

戰鬥後狀況

　　狡詐的土匪利用某種國際關係延緩了一週的時間，使其從容撤離，襲擊的戰果大為減低，對土匪未作致命的打擊，雖能達成任務，但無高度價值可言。

檢討

　　本撰述僅憑記憶，故無完整的數字資料。

國軍方面

一、國軍有高昂戰志，都切齒痛恨，希望一舉摧毀土匪多年盤據的老巢。

二、國軍有絕對優勢的陸空部隊兵力，對此次戰爭必操勝算。

土匪方面

一、土匪情報靈活，能預為得知國軍的襲擊。

二、利用國際關係延緩國軍襲擊時間，能得從容撤離，避重就輕減少損害。

● 卿特生
作戰時級職：空軍第一大隊第三課航炸上尉航行參謀
撰寫時級職：空軍作戰司令部作戰處
航炸中校一級連絡官

作戰地區：四平街

作戰起訖日期：36 年 6 月 25 日至 7 月 4 日

四平戰役

概述

　　空軍第一大隊轄第一、第三、第四、第九，四個中隊，所使用機種為 B-25，兵力約 70 架，分駐漢口（大隊部及第一、第四兩個中隊）、北平（第三中隊）、西安（第九中隊）等地區，受第一、第二、第三、第四、第五各軍區司令部之指揮參加作戰。

　　空軍第一大隊在抗日戰爭中為中美混合團之惟一戰鬥轟炸大隊（當時混合團中之中國空軍部隊有第一、第三、第五，三個大隊，第三、第五兩個大隊為戰鬥部隊，使用機種為 P-51），故飛機性能優越，人員技術精良，在戡亂過程中沒有一次戰役無 B-25 機參加者，當時正、副大隊長為王育根、陳衣凡二位將軍充任。

作戰前之狀況

　　土匪繼政治協商會議之後拒絕軍事調處，指使其外衛民主同盟發動反美運動，逼使美軍撤離中國並停止軍事援助，土匪軍隊在蘇俄掩護支援下，發動全面武裝叛亂，我政府在國際政治壓力

下，幾次發佈停戰命令，使戰局造成打打停停的不利態勢。

作戰經過

在此次戰役中，本大隊出動兵力以駐平第三中隊之大部飛機，漢口第一、第四兩中隊飛機亦有一部增援，本次戰役個人未直接參加戰鬥，奉命於六月廿五日抵瀋陽東塔機場接替參謀工作，至四平轉危後，於七月四日離瀋，任務完成。

戰鬥後狀況

在此次戰役過程中，本大隊出動架次頻繁，但無飛機損毀人員傷亡。

檢討

一、本撰寫僅憑記憶，故無完整數字資料。

二、土匪使用人海戰術並驅策無辜人民在他的部隊前面向我守軍更番衝來，戰鬥進行的慘烈為歷次戰役所僅見，此次戰役能取勝的主因，個人認為有下列兩點：

　　1. 守軍能堅苦卓絕支持最後五分鐘待援。

　　2. 有絕對優勢的空軍兵力作無限量的密接支援。

● 岑樹珊

作戰時級職：空軍第一大隊第一中隊少校中隊長
撰寫時級職：空軍第六聯隊上校附員

作戰地區：沂蒙山區
作戰起訖日期：35 年冬至 37 年春

沂蒙山區剿匪教訓

　　自民國三十五年冬至三十七年春曾參與沂蒙山區剿匪之炸射任務約六十次，以時隔過久，對敵軍部隊番號及作戰詳歷已無法追憶，茲謹就記憶所及，概略敘述剿匪之教訓數則如後，借作邇後作戰指揮之參考。

一、某次出擊臨沂以南匪軍，發現三路縱隊行軍之匪數千名，當時施以多次之低空炸射，但其隊伍始終不散，且於每次攻擊時，發現其武器均對空射擊，該次任務雖安全返航，但飛機已有二處中彈，由此觀之，匪對防空之訓練頗有成就，能不慌不亂，富有犧牲精神，故我對匪之攻擊，務須兵能集中，澈底予其打擊，此不獨可收消滅之功，且可瓦解其對我空中攻擊，無所畏懼之心理。

二、某次於深夜十二時奉命於次日拂曉，率機攻擊佔據吐絲口之匪伍千餘名，故空地勤人員即漏夜準備，按時出擊，待抵目標上空，則發現有我軍當日之布板訊號，故命各機改至副目標投彈，我機返航落地後，始獲友軍之通知：吐絲口已為我軍克復。由此得一教訓：即情報之傳遞，務求迅速確實，尤其於空援申請時，其目標情況如已有變化，應以最迅速之諸

般手段，適時通知空軍，否則小而浪費兵力，大則可能發生誤炸。

三、孟良崮之役，自戰況開始至七十四師覆滅止，均曾參與對匪之攻擊，目睹匪三面蟻集行動迅速，我軍則牛步赴援，雖於空中呼告：前面無匪，請迅赴援，仍牛步如舊，誠令人氣極。於覆滅之黃昏，目睹匪之砲火於山腰四面向山頭密集射擊，山頂仍有稀疏之還擊火光，時滿天烏雲，大雨將至，余知已無救，連向山頭俯衝數次，作為個人對張師長與其官兵之衷心敬意，此役深感張師長作戰之英勇，更痛我增援部隊行動之遲緩，余經此戰役，深體部隊之行動，務求迅速，尤其增援部隊為甚，然欲達此要求，凡我軍人必須體念總統詔示吾輩同生死共患難之訓示也。

以上所見為十年前之事實，個人之觀感：今日武器進步至洲際原子飛彈，戰略與戰術，自有所不同，然兵力之集中，迅速之行動，與情報之確實、迅速、適時之傳遞，余意仍為戰爭勝負之主要因素也。

● **申之麟**
作戰時級職：空軍第一大隊第一中隊中隊長
撰寫時級職：〔未填寫〕

一、概況

　　1. 部隊番號

　　　　空軍第一大隊第一中隊。

　　2. 編制與裝備

　　　　全中隊蚊式戰鬥轟炸機十六架，每機武裝配備齊全，計前方固定槍砲各四，砲彈六百，機槍彈二千發，均連續發射，火力頗強，全隊空地勤人員三百人。

　　3. 戰鬥序列

　　　　抗戰勝利後，本隊隨大隊部進駐漢口，屬空軍第四軍區指揮，整軍經武，加強訓練，其時四軍區司令為羅機將軍。

　　4. 簡明沿革

　　　　本隊於抗戰末期及勝利初，均使用美製 B-25 輕型轟炸機，前任隊長為顧兆祥、陳漢章、鄭景和、王鍾淦、汪治隆、岑樹珊等諸先進，均係戰功卓著，勇敢善戰，領導有方之幹員，猶以顧前隊長於民國廿七年間即已戰功累累，領導全隊人員與日空軍週旋，視生死於不顧，每以「不成功即成仁」相勗勉。民國卅七年八月一日岑隊長樹珊奉命深造，空總令本人接掌斯職，惶恐之餘，只有奮力以赴，以使不辜負上峰之所期及諸先進先列之血汗不致白流。

二、作戰前概況

　　我國抗戰勝利後，正圖復員建國步上康泰之境，乃共匪偽裝

和平，一面虛與尾蛇，同時實施其叛亂以奪取政權，政府雖於抗戰甫畢元氣未復之際，亦只有決心予以剿滅。斯時匪空軍尚屬襁褓之胎未至成熟，未敢使用於戰場，我空軍可謂占盡優勢，全部制空均屬於我。本隊奉命由漢口派機分赴青島、濟南、徐州等基地協助友軍作戰及直接予以攻擊，頗收宏效，匪軍可謂望風披靡，到處逃竄。

三、作戰指導

1. 計畫

和談將近破裂，本隊即奉命分駐濟南、青島，期以雷霆之勢予叛亂之共匪以痛擊，僅留中隊部行政人員及部分機務人員與一部待修理之飛機，其餘均飛赴前進機場。

2. 部署

我隊奉命移駐前進各基地而以徐州為核心，大部空地勤人員及可移動之修理工具及多數器材均移置徐州，四軍區司令部亦於徐州成立前進指揮所，司令羅將軍及徐參謀長燕謀經常駐蹕指揮。原駐防徐州之空軍第三大隊亦與本隊分別擔任任務，屬四軍區指揮。

四、作戰經過

以上曾述共匪因無空軍之活動，故我機得以任意馳騁於天空，或偵察或轟炸或對地掃射，均能圓滿達成任務，予地面之我陸軍友軍部隊以極大助力及鼓舞。迨卅七年底形勢甚急，我隊奉命加緊作戰，全隊飛機均集中徐州基地，漢口修復各機亦已陸續增援，茲後卅八年春加強支援碾莊圩黃伯韜兵團，及至徐州棄守，我隊改用南京機場，所負任務仍無片刻間斷，由碾莊圩而青

龍集而雙堆集，我機會同駐京之空軍三、五、八各大隊尤日夜駐站，不稍片息。終因局勢急轉，首都告緊，我機奉命移往上海機場，對京滬外圍匪軍繼續執行神聖之任務冀挽狂瀾，最後又經杭州調回漢口基地，京滬危矣，我隊由漢口而衡陽、桂林、廣州、海南島而遷台。

五、戰鬥後之狀況

　　1. 匪我傷亡統計

　　　匪既無空軍傷亡無法計算，而我機對匪地面之攻擊所獲戰果當甚宏大，惟亦未能統計其數，我方重亡之最顯者為卅七年冬王文星分隊長之在泰安機場附近為匪地面砲火擊燬，二人為國犧牲；卅八年春碾莊圩之外圍共匪對我機射擊，當有飛行員陳南邠所駕之一架被毀墜落，此次共蚊式三架，而首架中之領隊者即我本人，故印象殊深，深記得當目睹同僚被匪擊中墜落後，曾告另一僚機隨我低空偵察及將子彈射光，以表為同志復仇，本身之安全置諸於腦後矣。

　　2. 影響政局軍隊及地方關係事蹟

　　　以我空軍當時作戰之英勇，壯烈之犧牲，雖匪軍無空中之對抗，而我空軍之奮力作戰、協助友軍，奠定了目前在台三軍協調合作之基礎。

六、檢討

　　1. 勝利後國軍喘息未定

　　　正籌復員建國，而共匪公然叛亂，政府與之和談確為失策，因而成為大陸失守，退居台灣之局面，如若彼時一

鼓作氣而將該匪消滅，當不致滋長如此，及數億人民之陷於水深火熱之中。

2. 宣傳之不足

共匪叛亂期間深入各鄉村鎮行使各項歪曲宣傳，愚民均受其騙，而在國際上彼亦自稱為「土地改革者」，即盟邦如美國亦墮其殼中，是足證明我國軍之加強宣傳實屬必要也。

3. 情報不靈

我軍對於匪軍之流竄未能瞭如指掌達到「知己知彼百戰百勝」之要領，而匪軍之對於我方佈署調動則易於獲取。

4. 三軍配合不夠密切

如能於剿匪期間加強配合，所收效果當不止此，全局改觀亦有可能，是亦今後作戰所應確切注意者。

● 楊履祥

作戰時級職：空軍第一大隊第三中隊少校中隊長
撰寫時級職：空軍第六聯隊上校副聯隊長

作戰地區：華北、東北
作戰起訖日期：34 年 12 月至 35 年

華北東北各戰役

1. 作戰範圍

   余於民國二十六年畢業於中央航校六期，故對匪作戰僅及於
   民二十六年抗戰以後之戡亂任務，過去江西剿匪未曾參加，
   而對匪直接作戰，乃自抗戰勝利後之三十四年十二月始。

2. 參加之部隊

   時余任空軍第一大隊第三中隊中隊長，大隊於勝利後調駐漢
   口，是年十二月華北各地匪亂，奉副統帥王叔銘將軍令：調
   B25 三架，飛北平南苑擔任剿匪。直至次年三月，本中隊 B25
   十六架，因作戰需要，陸續進駐完成，本中隊為唯一之轟炸
   部隊，擔任著整個華北及東北（黃河以北）之大小戡亂任務，
   時並肩作戰之友軍，尚有第四戰鬥大隊及第十、第二十，兩
   個空運大隊之一部。

3. 作戰經過－華北及東北各役

   一、三十四年十二月初奉令轟炸圍困包頭之匪

   　　冬季之沙漠地帶，匪軍無處躲避，均蔭蔽於溝中或村舍

之內，異常密集，是為轟炸之良好目標。當以豐碩之轟
炸戰果，而解包頭之圍。

二、東北之第一擊

長春失守之初，我接收部隊空運長春後，被匪圍困，余親
奉副統帥面諭：於三十五年五月十三日已近黃昏，親駕
B25 機飛長春作戡亂之第一擊，此後經常予匪以不斷之
打擊。

三、大批轟炸通化匪機場

於七月 X 日（日期待查）率機九架，大事轟炸通化匪機
場，於任務完成後，由副領隊帶回，余沿鐵路線向東北偵
察，除炸火車頭多列外，飛至梅河口車站擊中匪軍火油彈
堆集站爆炸焚燒，三晝夜未熄。我偵察機及地面人員予以
證實。

四、本溪湖大捷

在陸空密切配合之追擊站中，此次戰役最為圓滿，當日
每機出動平均都在三至五次以上，中飯幾乎無暇進餐（有
者在機上吃中飯），其緊張可想而知，陸空通信尤極成
功，地面部隊之陸空電台，可直接與飛行人員講話（事
前曾來機場聯繫通信諸元及派機試驗），對敵我態勢瞭若
指掌，故任務遂行極為容易，能逐屋逐山向前推進，目視
信號（布板之鋪設亦極清晰），我地面部隊於巡迴不斷之
飛機掩護下，僅以少數部隊在山地搜索前進，大隊之人
馬車輛可密集且安全地沿公路向前推進，日尚未落，即
完成佔領本溪湖，其向東南沿河逃竄之張學師匪，在我
追擊轟炸之下，極為狼狽。

五、四平之捷

在梅河口油彈庫炸中之後，對四平之役料有決定性之影響，本部隊於四平戰役初期（前三日），即不斷襲擊四平外圍並阻止由長春南下之列車，以孤立四平。此時匪支援之部隊，不得不棄車改以步行，然在東北之春季，除村舍外匪極暴露，轟炸之目標極易尋覓，故麕集於水溝內者多為近乎直線之密集目標，極易轟炸。匪棄四平之時為夜間，故空中未能追擊。

六、長春收復

四平街克復後，長春乘勝而下，匪放棄長春後，以東方向逃竄者，途為之塞，情況極為狼狽，雖在追擊之下，亦無暇躲避追炸追射，死傷之眾在空中清晰可見，此時只有拍電基地多派飛機，徒恨攜彈之少。

七、大同之圍

自大同之役開始，匪在華北草木不生地帶作戰，開始徵民工掘地道，大同機場失守之次日，一夜之間，即有地道兩條穿機場中心而達城邊，長達四、五公里以上，其地道深及胸，深約 1.5 米，寬一米，極曲折，身臥其內，飛機只有望溝興嘆，即使以精確之轟炸，其效果亦極有限，掃射更無論矣（此後曾多次集合飛行人員加以研討，以求對付地道之道，除以空中到地面於夜間阻止其挖掘外，別無良策——也許有良策而我們未發現）。

八、永年之圍

永年被匪圍困後，我為拒匪之擾，曾掘水灌城週，僅留東門一道堤路，城週數百米範圍，一片汪洋，我既無法出，匪亦無法入，匪於城北欲築一條曲折之長巷（有如地

面地道）越水而達城下，為我炸毀，水圍以外之房舍，以城西最密，曾數度轟炸，後聞外圍匪人數極少，並無蠢動，故亦未再奉命作此任務。

● 李湘濤

作戰時級職：空軍第一大隊第三中隊少校中隊長
撰寫時級職：國防大學校空軍上校一級教官

作戰地點：四平街

作戰起訖日期：36 年 6 月 4 日至 30 日

四平街戰役

一、大隊兵力部署

　　在會戰未展開前，空軍第一大隊主力以所轄一、四中隊級大隊部駐防漢口，第九中隊則駐防西安，我第三中隊駐防北平，受空軍第二軍區司令部作戰指揮，第三中隊以一分隊駐防瀋陽受空軍第一軍區司令部作戰指揮，後由四平情勢漸緊，大隊長由漢率一、四中隊之一部飛平，再會同三中隊之全部轉飛瀋陽。參加此次會戰之其他空軍作戰部隊，計尚有空軍第四大隊、空軍第十大隊，總共三個大隊之番號及一個偵察中隊。

二、作戰經過

　　我陸軍陳明仁率部駐防四平，匪林彪以數倍優勢的兵力攻擊之，實施人海戰術，我中隊奉命進駐瀋陽，對共匪實施偵炸，配合了所有的空軍作戰部隊，在每天廿四小時之每一分鐘，對來侵四平之匪輪番炸射，當匪軍未進入市區前，我以輕磅殺傷彈及機槍炸射匪軍，以殲滅及遲滯匪之攻勢。後敵攻入鐵道以西地區，匪借市區鋼骨水泥之建築為掩護，輕磅殺傷彈無濟於事，遂改用重磅爆炸彈摧毀建築物，藉以殺傷匪軍，並按空中照相圖，根據

情報，實施對匪進據之每一街道轟炸。此役結果，匪傷亡慘重，每前進寸地，均須付出甚大傷亡數字的代價，故在我駐瀋之陸軍部隊向北出擊行進中，四平之圍即解。事後我空軍高級長官飛赴四平作戰視察時，得知匪在市郊傷亡數萬，屍橫遍野，後匪進入鐵西地區，因我空軍使用重磅爆炸彈，對狹窄街市既因建築物之倒塌死傷甚大，後因空氣在狹窄地區因炸彈爆炸之震動，匪軍有眼球被拔出者，有五官流血者，匪軍之傷亡，與時俱增，且對匪之精神上的威脅更大，致使陳明仁率領所剩無幾之部屬，得能保全鐵東之據點，而未為匪所殲滅。國軍在四平一役，卒能獲勝，可說全賴空軍力量所致。

三、檢討

（一）絕對空中優勢

共匪當時僅賴地面部隊作戰，毫無空中力量，故天空全為我掌握，在白晝，敵人在我空軍攻擊下，僅能藏匿，毫無作為，夜間亦僅能作小部隊運動，故所費時日多，付出代價大，僅取得鐵西部分地區，卒不能達成其任務而退。

（二）情報靈通

四平與瀋陽間之地下有線電話，仍保持良好狀態，使空中偵察當面匪之情況，與地面所報情況相互印證，致我軍對敵情瞭如指掌，尤其對匪第一線位置得能正確決定，使空中武力，能依照相圖所指，對敵攻擊。對敵後之情況，亦因空中不斷偵察甚為明瞭。

（三）通信良好

因地下電話之良好及地面部隊使用布板符號之適當，使

前方與後方、地面與空中，諸種協同合作，皆甚密切，
通信靈活，亦可為勝利之一因。

● 鄭道滔

作戰時級職：空軍第一大隊第三中隊少校一級中隊長
撰寫時級職：空軍第六聯隊中校一級督察室主任

作戰地區：舟山

作戰起訖日期：38 年 10 月至 12 月

舟山戰役

（一）概述

　　卅八年五月余調任第一大隊第三中隊中隊長職務，大隊
長為陳衣凡，副大隊長為楊履祥，三中隊使用仍為蚊
機，駐台中基地，除零星對福州、廈門方面之匪偵炸
外，從十月至十一月間並派出大部分蚊機駐防衡陽及桂
林，受四軍區羅司令機之指揮，支援白崇禧所部柳桂線
作戰。

（二）作戰前狀況

　　舟山機場位於三面臨山，一面臨海，1500 咪長，30 咪
寬，按蚊機性能僅可免強使用，但仍駐有一大隊蚊機及
B-25，三、五大隊之 F-51 等機，該方面仍有一岱山機場
為準備駐防 B-24 之用（撤退後曾予破壞），定海各列島
大部為我所有，僅大榭島後為匪佔，我陸軍有劉玉章、
石覺等所部，約計六、七萬人。

（三）我軍作戰指導

　　1. 我空軍經常對上海、杭州、定海間三角地帶匪之動態
　　　予以阻擊偵察。

　　2. 支援舟山環繞各島嶼之友軍，對匪船予以破壞之。

（四）作戰經過

　　卅八年十月底，我機由桂林撤柳州，隨之而海口，返航
　　台中，至十二月中，則奉命派機四架駐舟山機場，指揮
　　所為空總部所設，由二署副署長董明德等指揮，余則於
　　23、27 兩次炸射瀝港匪船及象山東北之匪船，並數次出
　　擊蕭山、餘姚及滬杭甬線之匪火車運輸物資等，予以阻
　　擊，匪先後在桃花島、二橫島等侵擾，均為我守軍迎擊
　　得保。至於卅九年春始行全部撤離回台，當撤離舟山、
　　岱山機場，則全部設備由我基地設施人員予以破壞，免
　　為匪用。

（五）戰鬥後狀況

　　舟山臨撤退前每夜靜時可聞清澈之砲聲，惟因我國防部
　　計劃之週密，在 36 小時祕密撤退後匪無知曉者，我空軍
　　曾予撤退艦艇以掩護，當地百姓有隨之來台者。卅九年
　　秋匪已出現 MiG15 機於上海江灣機場。

（六）檢討

　　1. 舟山屬孤島難守，在戰略上之撤退係為必要者。

　　2. 此次撤退舟山，因計劃周到嚴密，尤其保密工作為我
　　　過去所未有之成功。

3. 撤離舟山首須推崇我領袖之遠見，得以保全戰力增加
　　國際聲譽，不鮮為我今後反攻復國奠下磐石之基也。

● 林濟洋
作戰時級職：空軍第一大隊第四中隊飛行中隊長
撰寫時級職：國防部第一廳上校副廳長

作戰地區：延安、黃河

作戰起訖日期：35 年至 36 年

剿匪心得

我開始從事直接剿匪，是三十五年七月十六日，那時部隊駐防漢口，首次駕機偵炸鄂北的保康、隕縣一代的共匪，那是獨眼龍所組織的部隊。我結束我部隊剿匪工作，是三十七年的七月十七日，真是湊巧，剛剛三個年頭。因為三十七年下半年，我被派到加拿大去學習駕駛蚊式飛機，返國後，任短期的訓練工作後，即調離部隊從事幕僚工作。此後，我雖然不斷的想回部隊去，但是實際上，我已在人事幕僚之途求取發展了。

三年剿匪，一共出了六十五次任務，受了一次傷，因為三年來我始終擔任著飛行中隊長的職務，所以我必需把任務和機會，公平的分予每一位飛行、轟炸、射擊的人員，因為那時剿匪作戰中，根本沒有空中敵情的顧慮，實在是一面作戰一面訓練的好機會，不像抗戰時期，我的十五次任務中，居然受了兩次傷，在空中敵機和地面砲火的雙重夾擊下，就無法拿任務當作一種訓練了。

因為在我剿匪作戰的全部時期，沒有空中匪機的顧慮，所以在空中的戰術方面，可說無從獲得心得。

在我六十五次的剿匪任務中，駐防過漢口、南京、徐州、青

島、濟南、西安諸基地，參加過山西、河北、山東、江蘇、安
徽、湖北、河南、陝西各省的剿匪工作，期間除掉在三十五年邵
伯、興化一帶，三十六年轟炸延安土匪及炸射山東黃河口附近的
土匪時，發現過比較大批的土匪外，其餘我幾乎沒有看到土匪的
大部隊，但是我的飛機曾在江蘇的西北角豐縣上空被敵人打壞，
以致迫降受傷。當時，我只是偵察性質，只看見幾個老百姓在牽
著牛耕田，小街上仍舊有人來往，我在懷疑地面的情報，說已被
匪攻佔，但是在我低飛偵察時，他們擊中我的飛機了。

　　今天我來回憶剿匪的心得，因為我的立場是一個空軍的飛行
人員，而又是一個駕駛中型轟炸機的飛行人員，剿匪時又沒有遭
遇到匪機，所以我的心得，可能不夠完整，或且只是適合於某一
個角度。

　　我第一個心得是正規空軍作戰部隊，去對付游擊式的土匪，
實在效果不會理想，也不經濟，因為那時所用的飛機，都是二次
大戰末期的飛機，速度都在二百英哩以上，為了要使土匪無法事
先隱蔽，所以儘量利用地形航行，希望能發現暴露的目標，可
是同樣的，飛行員本身遭遇到很大的限制，譬如低飛的地形航
行，就必需以大部的注意力來注意飛機的安全，即使瞬間發現少
數部隊，但因為飛得低而又快，已喪失了炸射時機，待再回頭瞄
準時，目標已非常分散，或者以隱蔽起來了。如果對極分散的少
量人數，施行炸射，即使命中一些，但是我們所費的本錢已太大
了。如果用慢速小型的飛機，一定比較容易捕獲目標，且有較大
戰果，我想菲列濱、馬來亞、越南用空軍剿匪時，一定也有同樣
的感覺。

　　我第二個的心得是機動的小部隊行動，實收隨分隨合之效，
而使現代化的空中武器，大有無法展其威力之感。在我大部的偵

炸行動中，發現的都是零散的目標，予以炸射，實在不太值得，如不予到處炸射，黃昏後就可能匯成一隻力量，又吃掉了我們一個城鎮，等到次日拂曉又救援助戰時，可能該城鎮已視之安謐如常，或連雞狗都看不到。明知有土匪匿藏其中，但可能傷及無關係的老百姓太多，也許匪根本就不在這些房子內，實使下手困難。如果不理會他們，第三天我們又會損失一個鄉鎮，如果給他們一個玉石俱焚，除非把附近所有鄉鎮都炸平，如此，則我兵力消耗太大，而反予人一宣傳與誹謗之資料。故小部隊的機動行動，實在是減少空中威脅的好方法，尤其在原子核子戰爭中，成為地面作戰的必然趨勢。

我第三個心得是有紀律的傷亡，使空中判別戰果困難。當對一個寂然的村鎮轟炸之後，如果裡面的人，不論尚活著，已受傷的，都仍保持不動姿態，很會使你停止再投第二枚炸彈，因為你必然認為繼續炸射徒耗彈藥和時間，不如另尋目標，而實際上，裡面還有不少土匪，但是也可能洗劫之後，已分散到其他鄉村去了。總之，一片靜寂會使空中偵察者發生迷惑，無法判定戰果，因而影響指揮官之決心和行動方案。

我第四個心得是速度對於作戰的勝敗，太為密切。土匪因為採小部隊分別行動，而於指定之時間和地點再行集中，迅即作戰，爾後又迅速分散。這種超過對方判斷的行軍速度，和集中、分散的迅速，幾乎使一個人變成兩個人一樣，而我們則採取大部隊的行軍，可能追前面的土匪沒追上，而原為被追的土匪已繞到我們後面，尾擊我們。

以上是個人三年剿匪作戰中所得主要的心得，而今後的剿匪，情況可能更為困難，因為他們不會放棄既有的優點，且又有一支正規的空軍，新式的空中武器，因之，我們必需：

（一）要贏得局部的空中優勢。

（二）要著重戰場上土匪行動的偵察。

（三）要有小型的戰場上使用的空軍。

（四）每一位連營長都要有小單位獨立作戰的指揮能力。

（五）特別要重視協同，力除萬難，要能在指定的時間到達指定
　　　的地點，從事指定的工作，切記作戰行動是整體的，個
　　　別活動只是整體的一部，只有整體的成功，沒有個人的
　　　成敗。

（六）必需要有極嚴格的軍紀，守軍紀就是保活命，亂逃亂跑，
　　　暴露目標，害人害己。

　　當然，要求得剿匪的成功，不只是這幾點而已，我們過去剿
匪大敗的原因，和今後在軍事上應注意的事項，我英明領袖已迭
有訓示，這不過僅依據個人親在戰場上剿匪的經驗，而得到的心
得，提出報告而已。

● **張成業**

作戰時級職：空軍第一大隊第四中隊少校中隊長
撰寫時級職：金門防衛司令部第三處上校副處長

作戰地區：徐蚌

作戰起訖日期：37 年 11 月至 12 月

徐蚌戰役（空軍）

一、概述

　　三十六年冬季駐漢口之空軍第一大隊，奉命由大隊長王育根氏率領空地勤軍官二十餘，赴加拿大接收新機（蚊式戰鬥轟炸機）訓練，三十七年春返國，開始編組及部隊訓練。七月間王大隊長調陞他職，空總乃任時光琳氏為空軍第一大隊大隊長，訓練於七月底完成兩個中隊，八月間全部結束，乃成立第一、三、四，三個戰鬥轟炸中隊，及第九輕轟炸一個中隊，仍隸屬空軍第一大隊。戰鬥轟炸中隊，每中隊編制蚊式機十六架，空地勤人員二百九十餘員；輕轟炸中隊使用 B-25，編制裝備照舊，一、四兩中隊駐防漢口，三中隊駐防北平，第九中隊仍駐西安。是年八月間第三中隊中隊長林濟洋少校調升，空總派余接任該職，值此臨危受命，深感責任重大，到差後繼續戰鬥訓練。九月下旬開始擔任華中一帶之戡亂作戰，斯時空軍各部隊之作戰指揮均受各部隊所駐在地之軍區節制，漢口為空軍第四軍區，司令為羅機將軍，故本隊作戰受第四軍區之指揮。

二、作戰前之狀況

　　三十七年夏季以後，東北戰局急轉直下，繼之平津危殆，開封、鄭州先後失陷，迨至十月間，匪軍主力逐漸南移，徐州震撼。斯時各兵團均奉命向徐州一帶集中，捍衛京滬以北地區，孰料匪以重兵（劉匪伯誠、陳匪毅、林匪彪等所部主力）實行個個擊破。十一月間黃伯韜及邱清泉兵團先後被圍，徐州形成孤立，戰局岌岌可危，空軍當局決以全力支援徐州之作戰，以殲滅來犯匪軍之主力，十一月間本隊奉命掩護黃維兵團由信陽一帶東下以解徐州之圍。

三、作戰經過

　　黃維兵團係十一月初集中於河南信陽附近，兵分兩路東下，一由明港經河南新蔡、安徽阜陽直驅蒙城，一路經汝南、安徽臨泉、太和直向蒙城，沿途所過多為匪區，兵團十餘萬人，行軍直徑長達數十里，沿途均經本隊飛機掩護及搜索，中途雖數度遭遇土匪搔擾，但皆為該兵團所驅除，由此數度小接觸已經看出該兵團之士氣旺盛及裝備良好，確屬國軍之精銳部隊，可惜該兵團所選擇之路途崎嶇不平，輜重車輛反成累贅，以致行軍遲緩，犯了兵家大忌。時值徐州戰事緊張，兵團將達蒙城之時，本隊奉命移防南京，全隊遂於是年十一月下旬飛京待命。甫抵南京，已悉黃維兵團於渡過蒙城河後即遭遇共匪主力，激戰後被圍於雙堆集地區（蒙城之東北約百里處），本隊於是又二次協同該兵團作戰。是時本隊任務為密接支援作戰，凡匪砲兵陣地及匪後續部隊均為攻擊之目標，是役本隊先後出動飛機三百餘架次，參加之兵力計有空軍第三大隊及空軍第五大隊全力、空軍第八大隊主力、空軍第一大隊第一中隊及第九中隊之一部，尚有其他擔任空投照相及

夜間轟炸等零星部隊，因時日已久無法回憶。黃維兵團被圍之初期士氣旺盛，堪可與匪決戰，及後糧盡彈絕只好待援，因之匪砲轟擊村莊，官兵皆暴露於郊野，旋因天氣寒冷，徐州一帶降雪，乃致士氣消沉，糧食端賴每日空投，最後久待援兵不至，徐州突圍之杜兵團又被圍於青龍集，遙乎不能相應，於十二月間實行突圍，是役戰事始告結束。

四、檢討

（一）黃維兵團東下之際，由於行動遲緩，已犯兵家大忌，且所過地帶多為匪區，故兵團之行蹤企圖均已暴露，裝備戰力更因無法保密，早為匪所洞悉，因之匪則知我知彼，我兵團則適得其反。

（二）匪以逸待勞，早佈成袋形，誘我軍深入，然後以重兵包圍，使我兵團無險可據，日久彈盡糧絕，坐以待斃。

（三）匪以個個擊破使我軍不能彼此救援，且匪佔有面積，使我各重要城市據點形成孤立。

（四）匪諜滲透瓦解我方士氣。

（五）空軍使用在徐蚌會戰之初期集中較晚。

（六）空地通信設備不完善，以致支援友軍作戰之飛機無法獲得有價值之攻擊目標，全憑布板信號聯絡。

（七）匪軍行蹤詭祕，正式部隊多為夜行晝伏，使我空軍無法偵察，匪能化整為零，且能集中機動，常會誘騙偵察飛機，估計錯誤。

五、經驗與教訓及改進意見

自徐蚌會戰失利以後，匪以竊據大陸半壁山河，因之國勢日

非，兼之不穩分子乘機迫我偉大領袖引退，中樞乏人領導，三軍頓失主宰，少數不肖高級軍政人員為匪利用投靠，以致整個大陸淪陷匪手，至此無人必須以前事不忘後事之師及居安不可忘危的精神，繼續振作，把前者之經驗與血的教訓，來做今後對匪作戰的參考，庶能節省生命，克敵致果，而完成我之革命第三任務。僅書以下數點意見俾做改進之參考：

（一）今後對匪作戰必須祕匿我軍之企圖加強保密，行動迅速。

（二）今後對匪作戰，必須了解匪情，爭取主動，否則不可輕舉妄動。

（三）我軍如與匪軍遭遇無法擺脫時，必須用種種手段眩惑匪軍，乘機誘匪至對我有利之地形內，以求速戰速決。

（四）我軍如為匪包圍，立下就地決戰之決心，不可依賴外援空投，須鼓舞士氣及使官兵保定必勝之信念，以自立圖存。

（五）友軍之間不可相互猜忌，必須精誠團結，協同一致。

（六）空軍須隨時注意集中使用與機動。

（七）加強空地通信聯絡（ACT 組織增加）。

● 鄭道滔
作戰時級職：空軍第一大隊第四中隊副中隊長
撰寫時級職：空軍第六聯隊中校一級督察室主任

作戰地區：徐蚌

作戰起訖日期：37 年 11 月 21 日至 38 年 1 月

徐蚌會戰（青龍集、雙堆集）

（一）概述

　　徐蚌會戰戰場重心在於青龍、雙堆兩集，戰況至為激烈，自卅七年十一月下旬迄卅八年一月底，堅持前後七十餘天。此時已調任第一大隊第四中隊副中隊長職務（中隊長為張成業少校），所飛機種為蚊式機 20 架（預備機在內），係屬戰鬥轟炸機，能攜彈 2000 磅，機槍四挺，20mm 砲四挺，火力甚強。中隊部駐漢口，為對作戰容易起見，乃全部飛機移防南京大較場機場，受第四軍區羅司令機之指揮。

（二）作戰前之狀況

　　鄂西之南陽、信陽、鄖城、新蔡、蒙城一帶為我白崇禧所部，由信陽至蒙城馳援，集結雙堆集，青龍集為我邱清泉及黃維、李彌等兵團，而匪集結陳毅、劉伯誠、林彪等向我上項兵團採包圍態勢。

（三）我軍作戰指導

　　（1）偵炸外圍匪動態。

　　（2）直接支援雙堆及青龍集友軍。

　　（3）不斷炸射外圍匪所挖壕溝之匪。

（四）作戰經過

　　空軍第一大隊除第九中隊仍使用 B-25 機出動外，其餘一、三、四中隊均使用蚊式機作炸射工作，全大隊均集中南京大校場機場，余從卅七年十一月廿一日起，迄卅八年一月底止，共出擊十五次。21 日偵炸蒙城巡檢司、板橋集等匪軍，23 日又對蒙城、南平集等地予以炸射，29 日炸射葛店，十二月 14 日炸雙堆集，15 日出動兩次，16 日出動一次，均對雙堆集集結之匪與工事及運輸之卡車攻擊。卅八年一月六日炸射紀胡同，八、九兩日炸大回村一帶之匪，斃匪約 350 名。十一日炸青龍集，斃匪200+ 名，卡車兩輛。十二、十三、十五仍對該區匪炸射，卅日偵射靖江、南通等，匪直至我軍突圍後匪佔有青龍集，我軍所遺下之物資，亦予以破壞轟炸之。

（五）戰鬥後狀況

　　此役工作最緊張，除一架蚊式機在起飛時故障焚毀人安外，餘無傷亡。我陸軍部隊突圍之隊伍，損失慘重，邱清泉陣亡，黃維被俘等，此後則展開南京保衛戰，國軍則被逼步步退卻，至此陸軍之士氣可謂喪失殆盡。

（六）檢討

1. 空軍兵力雖集中使用，但採取之戰術仍不夠猛烈，應以地毯式之轟炸將匪壕洞工事破壞之，使其無喘息抬頭機會，同時我機缺乏夜間攻擊能力，匪多乘黑夜行動。

2. 我陸軍完全處於內線作戰，最精銳之機械化邱清泉兵團亦處於被動捱打，毫無士氣可言，加以外圍來自其他地區之友軍亦有袖手未馳援者，致遭國軍主力之消失。

3. 我政工與諜報工作遠不如匪，我軍所到皆到處碰壁，鄉村間到處為匪政工人員滲透，老百姓多替匪做耳目，相反我政工部門則無聲無嗅，毫無組織。

4. 指揮不統一，李、邱、黃等兵團各自為政，缺乏統一指揮觀念，不但未做到團結合作，常有互相傾軋現象，以致軍心瓦解，遭匪各個擊破無法收拾，殊堪嘆息。

● 鄭道滔

作戰時級職：空軍第一大隊第四中隊副中隊長
撰寫時級職：空軍第六聯隊中校一級督察室主任

作戰地區：京滬

作戰起訖日期：38 年 1 月至 4 月

京滬保衛戰

（一）概述

　　空軍第一大隊使用機種仍如過去（九中隊 B-25，一、三、四中隊蚊機），余屬四中隊副隊長，全隊蚊機 20 架，編制人員共 300+ 人，而空勤人員缺額較多，原因係作戰傷亡後無法訓練補充，日甚一日，蚊機性能雖佳（速度為空軍螺槳機之冠），但結構係木質，雨淋日曬，情況日見惡劣，但用對付匪地面部隊仍屬裕如。一大隊大隊長時光琳，副大隊長陳衣凡，南京撤退之前（38.4.23），我隊仍駐防大校場機場，為四軍區羅司令機之指揮，待轉進後，再駐上海江灣機場，展開滬區保衛戰。

（二）作戰前之狀況

　　匪挾青龍集、雙堆集勝利之凌焰，由固鎮、滁縣、蚌埠等直迫而南，長江北岸之江都、靖江等均為匪所有，在長江北岸河岔中，匪集結小木船無數，我江防部隊由湯恩伯指揮。

（三）我軍作戰指導

　　1. 對長江北岸集結之匪船予以炸射。

2. 偵察南京至安慶及靖江間之匪動態。

3. 南京失守後支援上海外圍守軍。

（四）作戰經過

38 年 1 月 30 日炸射靖江、南通匪，出擊基地仍在南京大校場；2 月 27 日偵炸滁縣、固鎮、蚌埠，及 12、13、15 日各出擊一次，對匪江北岸船隻予以轟射；4.4 日炸射無為，毀汽船一艘；4.11 炸荻港、牛埠，13 日炸鎮江東高橋鎮，19 日炸安慶一帶，20 炸灌河登陸艇，命中該艇並毀木船 100+ 隻；21 炸荻港、舊縣，毀木船 100+ 隻；23 晚轉駐上海，23 日南京即淪為匪手。

（五）戰鬥後狀況

南京於四月 23 失守後，上海展開保衛戰，但曾幾何時，終告不守，余隊蚊機則由江灣全部撤回台灣台中基地，但仍對舟山方面予以支援，並隨四軍區再駐防衡陽及桂林等前進基地。

（六）檢討

1. 長江一帶江面中尚有我海軍部分艦艇，江南均為我所有，而匪僅靠數目眾多之小木船為渡江工具，在戰術原則上，匪之成功甚少可能，但由於匪政治滲透，瓦解我陸海軍士氣，京滬終無法保守。

2. 陸海軍缺乏與空軍聯合作戰之戰術思想，無論在指揮運用上，兵力支配，空艇實地之通信連絡等工作，收效甚微。故今後之戰爭，務須重視此項聯合作戰措施，多加訓練與演習，俾在反攻大陸時收到成效。

● 郭作璋

作戰時級職：空軍第一大隊第九中隊少校中隊長
撰寫時級職：空軍指揮參謀學校上校二級教官

作戰地區：陝北
作戰起訖日期：35 年

陝北永豐鎮戰役

一、戰役經過

　　民卅五年秋，匪軍萬餘人，經陝北之中部、洛川、宜君等地南下，企圖進犯西安，國軍某部與匪對峙於陝北重鎮永豐附近地區，當時駐防西安之空軍部隊計戰鬥大隊一（F-47 機）、輕型轟炸中隊一（B-25 機），因西安機場翻修，全部飛機均暫飛去霍縣基地。會戰初期，因場地欠佳與飛機檢修關係，每日僅零星出動十數架次，不久國軍某即被圍於永豐鎮內，匪以一部兵力繼續圍攻永豐，其餘大部向渭水沿岸進犯，情勢頗形嚴重。會西安機場修復啟用，各機隊奉命克日由霍返防，著全部飛機乘返防之便，出擊永豐之匪，事先並與前方友軍協議，伺我機飛臨陣地時，向機反擊，以期一戰而殲當面之匪。當我機以大編隊姿態飛臨前線上空時，我方將士士氣為之大振，奮勇向匪突擊，由於陸空通信連絡密切，布板信號指示正確，我機隊亦發揮最大之威力，雙方戰況至為激烈，激戰竟日，匪終不支而潰，遂獲得此次戰役之勝利。

二、經驗與教訓

　　（一）空軍兵力之運用，除偵察任務外，務求「集中」使用，方能發揮最大之效力。

　　（二）空軍兵力「集中」使用，除主效果可盡量發揮外，尚可獲得兩種副效果。

　　　　1. 提高我方士氣

　　　　2. 打擊敵方士氣

　　（三）陸空協同作戰，首貴雙方指揮官互能信賴與否，通信連絡密切之得宜。

　　（四）爭取「主動」為獲致勝利之基礎。此次戰役空軍能主動協同友軍作戰，實為制勝之主因。

● 麥谷登
作戰時級職：空軍第一大隊第九中隊中校中隊長
撰寫時級職：空軍總部空軍上校部屬軍官

作戰地區：四川重慶

作戰起訖日期：38 年 11 月中旬至下旬

重慶撤退作戰心得報告

一、概述

　　三八年八月奉調空軍第一大隊第九中隊長，當時駐地台中，惟飛機人員除參加當面之作戰外經常輪流調駐於成、渝、廣州、海南、舟山等地，由所在地之空軍軍區或指揮部（所）指揮配合友軍繼續戡亂作戰。本年十一月下旬奉命率 B-25 機五架進駐重慶白市驛機場，由第五軍區司令部指揮參加陪都保衛戰。當時進駐該基地友軍除空運部隊外，有十一大隊 F47 機六架及直隸該司令部之 T-6 機數架，地面部隊僅悉由宋希濂指揮，其番號兵力部署因時日久隔已不能憶。

二、作戰前之狀況

　　在此期間大陸地區僅成、渝、西康尚為國軍所控制，昆明因盧逆態度曖昧，其餘地區已全為匪共所竊據，中央首腦機關因廣州之撤守，一部遷台，其軍政首要仍多駐重慶指揮作戰，冀確保僅此半壁河山，進而反攻平亂。總統蔣公當時雖已引退，但仍以本黨總裁之身駐節陪都督導作戰，士氣曾一度振奮，終因政治不修，財政崩潰，通貨膨脹，以及匪黨之宣傳滲透威迫利誘，加以

匪軍由三路節節進迫，重慶終告陷落。

三、我軍作戰指導

我陸空軍保衛重慶之作戰計劃，據悉曾有綿密之協調，惟內容為何因職務關係不從洞悉，惟根據軍區授予本隊之任務，本隊某定之實施計劃要點如下：

（一）任務

直接支援地面部隊作戰，偵巡匪軍動態及監視長江一帶船隻。

（二）使用兵力

1. 每日維持出擊兵力 80%。

2. 兩組人員經常機動待命。

（三）後勤補給

1. 彈藥由該供應處補給。

2. 飛機維護器材由成都供應處補給，重大修理飛往成都檢修。

3. 膳宿由軍區供應。

四、作戰經過

作戰期間該區綿雨不停且能見度惡劣，經常不超出一千公尺，故出動次數甚少，雖有出動，因視度影響。情果亦欠理想，當時軍區的主要任務好似亦已改以空運為前提，待運之人員物資以及黨國要員擠滿基地附近及場內，同時不斷接獲我軍節節退守，迨至匪迫近海棠溪附近，本隊亦奉命離渝飛降成都。

五、戰鬥後狀況

　　本隊飛抵成都後由第三軍區司令部指揮，繼續飛往重慶作戰，轟炸歌樂山橋及山洞，期阻斷成、渝間之交通，遲滯匪軍向成都方面之進展，同時攻擊遺留白市驛機場之資材及不能起飛之飛機，並發現於撤退後之第三日，匪軍於該場已設有防空武器。

　　此役我空軍作戰並無傷亡，惟因天氣與故障遺留於該場之大小飛機計十餘架，車輛彈藥物資亦多，至地面部隊損失情況不詳。

　　自重慶失守，西南半壁已搖搖欲墜，成都情況隨之緊迫，顯已士無鬥志，機關部隊都著力於撤準備，本隊人員不久亦奉命飛機成都。

六、檢討

　　（一）戰爭絕不是軍事的單獨行為，抗戰勝利後，政府政治的腐化、金融的崩潰、人民生活的困苦和社會道德的墮落已種下失敗的果子，再加上述因素的影響到士氣的消沉，而加速匪共在軍事上的勝利。

　　（二）重慶之役心理影響頗大，在未戰之前就準備撤退行動，軍民均已喪失戰志，對匪軍之迫近大有聞風喪膽之慨，若吾人決心玉碎，情勢或可改觀。

　　（三）空陸協同裝備固差，研究改進精神更屬欠缺，致使兩軍未能密切合作。

● 鄭道滔
作戰時級職：空軍第一大隊第九中隊副中隊長
撰寫時級職：空軍第六聯隊中校一級督察室主任

作戰地區：開封

作戰起訖日期：37 年 6 月

開封保衛戰

（一）概述

　　匪圍攻開封城從 37 年 6 月中旬迄月底止終為匪所攻佔，余隊（余為九中隊上尉副隊長）隊長麥谷登少校，當開封吃緊之際，九中隊 B-25 機全部移駐鄭州機場，支援該方面友軍，三軍區司令部亦設指揮所於該基地作指揮中心。

（二）作戰前狀況

　　在卅七年六月中旬，隴海路已為匪竄擾而阻斷，開封城及郊區為我軍固守，外圍如睢縣、杞縣、白鎮、朱仙鎮、陳留、小表莊等先後為匪攻佔，我軍在六月廿日全部退守開封城內。

（三）我軍作戰指導

　　（1）偵察開封外圍匪增援部隊。
　　（2）直接支援我開封守軍。

（四）作戰經過

　　從六月中旬九中隊 B-25 飛機移駐鄭州，余與麥隊長輪留駐

防負責作戰事宜，六月十六日轟炸觀音集及偵炸睢縣、杞縣等，毀匪房屋、牛車、交通壕等甚多。六月十八日匪已迫近我城郊，余機攜燃燒彈對開封南關投下 24 枚燃燒彈，用火攻其佔有房屋區，十九日同樣以燃燒轟炸宋門關，盡毀其房屋，煙火沖天。廿一日匪已攻陷城池，余除對城內匪軍作局部掃射外，並掩護我撤退友軍，與偵炸開封至鄭州間之匪，轟炸向白沙鎮附近小表莊等匪。廿二日偵炸朱仙鎮、陳留等匪後續部隊，直至月底，余隊飛機由鄭州返防西安。

（五）作戰後狀況

　　此役我人機無損，陸軍因被困城內，至彈盡糧絕時突圍而出，據聞損失傷亡慘重，開封城全為匪佔據。

（六）檢討

　　（1）空軍直接支援隊連括地區較易達成任務，惟開封城郭密集房屋，當匪攻臨城下，欲施以轟炸，尤其攻入城內，在敵我混亂難分之際，甚難支援。

　　（2）陸軍在挺打下失去外圍據點，孤城隨之棄守，從每次戰役中均表現我守軍弱點。匪軍之攻城要訣，在於挖壕進犯，至於王老集、藤莊等仍有我第五兵團邱清泉所部，惟未及赴援，誠遠水不能救近火也。

● 鄭道滔

作戰時級職：空軍第一大隊第九中隊上尉作戰參謀
撰寫時級職：空軍第六聯隊中校一級督察室主任

作戰地區：冀

作戰起訖日期：36 年 4 月至 5 月

石家莊保衛戰

（1）概述

石家莊從四月起已為匪佔據所有外圍，僅餘石家莊及機場（在航線上曾為匪地面砲火襲擊），九中隊奉命派遣 B-25 4 架，由余率領，余為上尉作戰參謀，由西安進駐北平南苑機場，受第二軍區徐司令康良指揮。

（2）作戰前之狀況

在 36 年 4 月中旬，平津線雖為我方控制，但常為匪所擾，石家莊則早成為孤城，僅賴空軍支援，四圍皆為匪所有矣。

（3）我軍作戰指導

每日由二軍區作戰處指示目標，並與三中隊共同擔任該區外圍匪目標之炸射，由南苑起飛轟炸後降落於石家莊機場，加油掛彈再行出動，每日二至三次。

（4）作戰經過

卅六年四月中至五月初共出動數次，但戰績較著之一次為

四月十五日上午偵炸勝茅、石溝、滄縣等地，下午轟炸
元氏城郊，後由石家莊向南苑返航途中發現匪約萬餘人，
由東而西在田野中散開竄進，余一面以五挺機槍更番掃射
（機上無炸彈），一面以 V.H.F 與石家莊塔台連絡告知所
發現匪兵數量及進行方向，並將所有機槍子彈掃射殆盡始
飛返南苑機場，降落後即將所發現詳情報告二軍區作戰
處。此次匪因在空曠地帶無掩蔽地物，受余之更番掃射，
其傷亡之慘重，可想而知。

（5）戰鬥後狀況

作戰後匪對石家莊及機場之威脅並未解除，且未因空軍協
助作戰後而有所進展，原因係匪方兵力較我為優。

（6）檢討

我地面友軍部隊處在內線作戰，匪則以優勢兵力在外線作
戰，利害關係顯然，而空軍使用兵力小，擔負遼廣戰場
（包括瀋陽、平津線、濟南北等），僅做到空中耳目，未
達到「集中轟炸」效果於萬一耳，惟回航中所發現萬餘匪
眾，足可作我陸軍部隊之有用情報，不難予以盡殲之。

● 鄭道滔
作戰時級職：空軍第一大隊第九中隊分隊長
撰寫時級職：空軍第六聯隊中校一級督察室主任

作戰地區：陝

作戰起訖日期：35 年 5 月

緒戰

（1）概述

　　民卅五年夏，空軍第一大隊第九中隊（原屬二大隊，後改隸）編制 B-25 中型轟炸機 16 架、預備機 4 架，共 20 架，於共匪叛亂之始，奉命由駐地昆明移住西安機場展開偵炸工作。中隊長郭作璋，副隊長張成業，余為分隊長，全隊空地勤人員貳佰伍十餘員，配有小吉甫 12 輛及各項普車、特車十餘輛，直接受空軍第三軍區司令劉國運之指揮。

（2）作戰前之狀況

　　匪黨叛亂，朱毛匪首巢穴中樞設在陝北延安，並無空軍組織，制空權全握我手，僅有地面部隊零星接觸。駐西安為我第一戰區司令長官胡宗南及所轄數軍兵力，與太原第二戰區司令長官閻錫山等採晉陝向延安包圍態勢，匪軍採山地游擊戰，晝伏夜出，少與我大規模正規軍對戰。

（3）我軍作戰指導

　　（一）我陸軍並未奉命或計劃作向延安總攻擊之打算，此

時或恐礙於政治談判之進展，匪軍則大事擴充，鞏
固匪巢中心作戰之指導。

（二）我空軍以偵察為主，攻擊為副，對陸軍之支援作戰
獲取匪軍動態之情報，以供友軍參考。

（4）作戰經過

（一）從 35 年 5 月至 8 月間，平均每日均有出動，以 B-25
作偵炸任務，按余之戰績紀錄，八月五日轟炸孟縣
西坡頭鎮，十三日轟炸翼城、絳縣，十八日出動兩
次，轟炸聞喜一帶之匪，廿四日出動兩次轟炸馬家村
及測石、西馬城一帶之匪，廿五日轟炸霍集，廿六日
轟炸松塔鎮，廿七日兩次轟炸賈豹村及徐嘉鎮等，
戰果因無地面情報，無確實數字，僅估計每次轟炸
毀房屋十餘棟，斃匪不詳。

（二）空軍司令部作戰處根據每日與長官公署供給之情報
與空中偵察所得之情報，綜合為翌日作戰之參考派
遣任務之實施。

（5）作戰後狀況

（一）我空軍無傷亡，經轟炸各匪據點後，僅每次毀房屋
十餘棟，因未獲地面情報，匪傷亡數字不詳。

（二）友軍與匪軍並未大規模接戰，故雙方仍在部署中。

（6）檢討

（一）匪方無空軍，我方無空中顧慮，但因均在部署階段，
難於發現匪大批人馬，故戰果方面，僅為偵察作供

情報之價值。

（二）由於匪以政治方式掩飾其擴軍叛亂行動，我方指揮
　　　人員受高級指揮機構在策略上之「容忍」、「姑息」
　　　政策下，未斷然施以快刀斬亂麻戰略，向延安總攻
　　　擊，使其得以後有喘息作大之機會，實為遺憾。此
　　　種經驗教訓，今日檢討過去，余認為政治政略上之
　　　失敗，非乃軍事上之過也。

● 鄭道滔

作戰時級職：空軍第一大隊第九中隊分隊長
撰寫時級職：空軍第六聯隊中校一級督察室主任

作戰地區：陝

作戰起訖日期：35 年 10 月

陝北「響水堡」之戰

（1）概述

響水堡為綏德、米脂至榆林之交通中心，必經之孔道，匪
某部司令部駐在地，我空軍之軍區司令部特組成前進基
地指揮所常駐太原機場，經常指揮人員由作戰處處長向冠
生、副處長李肇華、情報處處長曾達池等指揮空中出擊任
務，我隊 B-25 機（友隊 F-47 機）由西安及太原兩基地起
飛出擊。

（2）作戰前之狀況

響水堡、靈石、波羅堡、米脂、鎮川等皆為匪所踞，我陸
軍控制其外圍作戰，經一月間之轟炸、空中直接支援，結
果該匪踞之響水堡已為我克復。

（3）我軍作戰指導

我陸軍當時缺乏陸空無線電通信設備，空軍全依據地面布
板符號為唯一連絡手段，我 B-25 根據出擊前敵我態勢並隨
時偵知敵行動企圖，並適時予以轟炸之。

（4）作戰經過

我陸軍從35年10月初開始對響水堡之匪採包圍攻擊，B-25機則直接支援，而余在此役中曾前後出擊10次，計十月九日炸射趙城之匪，十月十五炸射米脂一帶，十六仍對米脂一帶炸射，十九日炸射綏德、米脂一帶匪，廿日偵炸米脂、鎮川一帶匪，廿一日炸射匪響水堡司令部及靈石之匪兩次，廿二日仍對米脂、響水堡一帶攻擊，廿三日偵炸波羅堡、響水鎮等匪，廿四日偵炸榆林、歸德並投送緊急命令於我友軍，至月底匪不支向榆林西北撤退，響水堡為我收復，此役我機及人員無損傷。

（5）戰鬥後狀況

經陸空同時攻擊，匪雖慣山地戰但受空中威脅，響水堡之匪不支而向西北逃竄，但竟因此而成榆林之失守矣。

（6）檢討

（一）匪軍慣於山地戰及零星之游擊戰，我軍未能捕捉其主力，匪防守力不強，在此役之前未發現其挖地攻城戰術之利用。

（二）我友軍攻擊力較匪方強，且布板連絡相當確實有效，惟無陸空通信設備，在了解陣地狀況不如理想。

（三）經驗教訓：B-25機對匪攻擊在戰術上運用至為得當，蓋兵力節省收效豐碩。

● 鄭道滔
作戰時級職：空軍第一大隊第九中隊分隊長
撰寫時級職：空軍第六聯隊中校一級督察室主任

作戰地區：陝

作戰起訖日期：36 年 3 月

延安會戰

（1）概述

空軍第一大隊全大隊共四個中隊（第一、第三、第四、第九中隊），B-25 機 64 架均集中西安機場，其餘參加機種計有，B-24、F-51、F-47 等，余隊原駐西安，對延安出擊之目標，因地形之熟悉，在執行上較為容易。空軍總部派有高級長官蒞臨指揮，三軍區時在機場內增設指揮室協助指揮，陸軍以胡宗南所部為攻擊主力，由陝南分進，第二戰區閻錫山所部派部分兵力協助攻擊。

（2）作戰前之狀況

延安為匪盤據之首腦根據地，該地區所有建築物大部依山建築，並多涵洞式建築物，但匪軍似預獲情報，未待總攻擊令下則有先行撤退之舉，我胡司令官所部曾計劃大規模掃蕩戰分路並進攻。

（3）我軍作戰指導

我空軍計劃在陸軍開始攻擊前數日集中力量大舉轟炸，並

將應轟炸之區域用空中照相圖分別製成目標號碼作地毯式之轟炸。

（4）作戰經過

空中總攻擊從 36 年 3 月 12 日開始，13 日余擔任轟炸 42 號及 43 號目標，以 B-25 單機進入，250 磅破壞彈 8 枚均命中該兩目標，毀其所有全部設備。本中隊 B-25 機共 20 架更番輪炸，經兩日之大轟炸，匪全部軍事、政治目標均被夷平，僅有部分窰洞未澈底破壞，陸軍繼空軍後進攻，經旬日將延安克復。

（5）戰鬥後狀況

我陸軍進駐延安後，據調查所得，空軍所炸射之目標大部被燬，僅有部分窰洞未能破壞，且匪作澈底之堅壁清野工作，使我駐軍在糧食方面補給特感困難，匪經此戰後主力並未損耗，乃以其先行撤退不作主力搏鬥也。

（6）檢討

（一）使用空軍兵力如此役之「集中力量」之原則，誠屬至當，但機動仍感不足，如能分出部分兵力另予匪撤路之擷斷、轟炸，並配合友軍作尾追進剿戰術，似能消滅匪主力，使其缺乏日後之反擊力量，此點仍為我當局戰略上之錯誤，致種下今日予匪壯大之機會也。

（二）我友軍進駐延安後，似因「清野」所威脅而補給困難，引起當局策略上不久放棄延安之戰術思想，後

經自動撤退，益增匪之狂妄，當地老百姓似受匪恆久之控制力，幾無助於我軍者，此點可謂匪在政治上之成功處，而山地荒蕪瘠土無用而非國際聲譽關係，則自無固守之必要也。

（三）窰洞式之房屋確為防空之著眼，匪或有見及此，乃確定以後對我各大城市及會戰戰場上所採之挖壕洞進攻方法，其巧妙得諸於我炸不壞之窰洞也有之。

第三大隊

● **徐華江**
作戰時級職：空軍第三大隊少校副大隊長
撰寫時級職：空軍七四八一部隊飛行上校一級參謀長

作戰地趨：江蘇省、山東省
作戰起訖日期：34 年 8 月至 35 年 8 月

蘇魯區之作戰

一、概述

1. 概述

自勝利以還，我空軍第三大隊由陝西安康移防江蘇徐州，因當時匪已猖獗，故於移防之次日，即出動偵查，對蘇魯省區之匪軍予以偵察攻擊，並協助吳化文部堅守大汶口之任務，同時又以一個中隊之兵力進駐濟南，擔任魯區之任務。

2. 各部隊之番號──空軍第三大隊為戰鬥機大隊，直屬中美混合團（後改第一聯隊），下轄四個中隊，即七、八、廿八、卅二中隊是也。

3. 編制與裝備──於三十四年秋節大隊改組，分為人事、情報、作戰、後勤四課，大隊長、副大隊長之下並有作戰、總務、參謀主任各一。

4. 先後任人員──大隊長楊孤帆。

二、我軍作戰指導

1. 計劃——憶當時我軍計劃擬於蘇北地區捕捉匪主力而殲滅之，以打通隴海、津浦之交通。

2. 部署——我十九集團軍陳大慶部移駐臨城，郝鵬舉部等在徐州，濟南為吳化文等部隊。

三、作戰經過

於三十四年八月底即開始對蘇魯區全面作偵察掃射之行動，同時攻擊破壞鐵路之匪軍，阻撓匪之部隊調動。

1. 截擊報莊匪軍聚集

於三十四年八月間因我大軍集結徐州以北地區，匪方為阻止我之北進，以大部隊向報莊（在津浦線魯省最南端，運河之北，微山湖之東）集結，利用運河地勢構築工事，以阻止我軍之前進，我空軍先後對該地區炸射並破壞其陣地，使其集中不易。

2. 駐守大汶口

大汶口位於山東境內津浦路線上，地當要衝，吳化文部堅守該處，使匪調度兵力困難，故匪軍以大部兵力攻之，因地域狹小有碉堡可守，匪每次進犯均遭慘敗，後改由夜間坑道作戰，仍不能得逞。因吳化文部上下同心效命國家，死傷勞頓，在所不計，後奉命突圍，是役乃告一段落，其苦鬥時間約有五至八月之久。

3. 截擊山東境內匪軍調度

因勝利後匪惡性膨脹軍力，並由煙台、威海衛等海港向東北偷渡，為阻其前進，對上述地區家以偵察掃射，同時在益都、濰縣等處均曾發現大量匪軍加以攻擊。

四、檢討

1. 匪軍軍事作戰方面

（1）匪軍戰略戰術戰法戰鬥的特質——匪對防空之作戰已有良好之訓練，對來自空中之攻擊頗知偽裝及躲避，其部隊調動多半於傍晚行之。

2. 匪軍政治作戰方面

（1）匪民運工作及其謀略欺騙和宣傳諸手段——其運用為最成功者，但因手段不詳。

3. 我軍優點及缺點

（1）在空軍方面，因匪方無空軍，成為橫掠天空之勁旅，所向無敵。

（2）在陸軍方面，優劣點由他們自己說好了。

4. 經驗與教訓

（1）騙人以騙自己最容易而騙敵人難，用兵尤然。

（2）誇大戰果謊報敵情為失敗之根源。

5. 改進意見

（1）官應愛兵，視同兄弟。

（2）紀律應如鐵，法令應如山。

（3）上下同甘苦，方成鐵血軍。

（4）欺上矇下，每戰必敗。

（5）戰鬥技能應精練，同仇敵愾心要強。

（6）知己知彼百戰百勝。

● 李礦

作戰時級職：空軍第三大隊少校副大隊長
撰寫時級職：空軍第三聯隊上校一級副聯隊長

作戰地區：魯豫徐淮地區

作戰起訖日期：36 年 6 月至 37 年 7 月

一、概述

　　方三十四年抗日勝利，個人係服務於空軍第三大隊，初任作戰參謀主任，繼副大隊長，再大隊長，而當時第三大隊自勝利即由安康遷駐徐州，故於中原，凡剿匪各戰役，諸如兩淮、濟南、膠東、沂蒙山區、魯西、豫東、徐蚌、上海、舟山等各戰役莫不參與，惜當時日記被焚，今事隔七、八載，有關當時之作戰計劃、作戰指導，與夫兵力部署及詳細經過，已不復能記憶，今僅就追憶所及並所得慘痛教訓分陳如下，以供我今後反攻抗俄作戰之參考。

二、當時我空軍作戰部隊之編制與裝備

（一）編制

　　　　在空軍總部之下分設第一、二、三、四、五軍區司令部，大隊人事、經理、補給、修護等均直屬總司令部，惟在作戰及人事賞罰獎懲方面均以配屬某軍區司令部而受其節制。大隊部有一、二、三、四課分掌人事、情報、作戰、訓練、後勤業務，另有七個室分管行政、監察、政工、統計、通信、財務、醫務業務，此外並配有電台一、電話班一及汽車修理班一。大隊下轄三個作戰中隊，每中隊有四

個分隊，中隊部並配有行政、作戰、通信、醫務、機務、軍械各專業人員分司其職。大隊部編制人員官 89 員、士兵 117 名，中隊官 69 員、士兵 225 名，總計官士兵 1088 員名。

（二）裝備

大隊裝備野馬式 F-51 型機 75 架，每中隊為 25 架，另大隊部有輕型連絡機，諸如 L-19、L-5 二、三架。

（三）檢討與心得

過去作戰部隊除工廠修護補給外，其本身有支援其裝備飛機作戰之能力，其他基地勤務、彈藥油料及一般補給均由供應大隊負責，惟受其督導，故其能充份發揮空軍之機動與伸縮特性。今也，固然噴射機大增其在修護補給上之繁雜，但就作戰運用觀點言，總應力求其精一，故今日所採用代替以往機工長制度（Crew-chief System）之檢查站制度（Dock System），在美空軍於韓戰場作戰時亦曾回復機工長制度，個人認為在初換裝與訓練時應力求分工，著意於熟練，及至戰備完成至某一程度，一個人已能肩負幾種專業與特業時，即可回到機工長制度，將場站修護留置於較後方基地，不以噴射機增加之速度，而在運用原則上減損其機動與伸縮性。另作戰聯隊亦應顧慮其運用之機動與伸縮性，盡量將不必要之負擔，如基勤、場站修護、一般補給（現在基地附近區域之一般補給均由各作戰聯隊擔任）等劃至其他單位，當聯隊在該基地作戰時，可配屬聯隊受其督導，但不必隸屬於聯隊，使聯隊轉進困難也。

三、徐蚌會戰

（一）經過

方黃伯韜兵團由東海向西轉進，行至碾莊圩（先頭主力），整個兵團即被共匪有力部隊截成數段，分別包圍，其中除主力碾莊圩部分外，其餘均先後被殲，乃有調邱兵團（包含第五、第八軍）東上解圍之舉，奈行至大許家，雖與碾莊圩近在咫尺，即遲遲不能前進。當時我駐防南京，徐州空軍部隊在今王總長指揮之下，曾以全力支援，並試作區域轟炸為地面部隊開路，均無效果，相持十餘日，終至黃伯韜兵團整個被殲滅，於是邱兵團乃縮回徐州。又復於徐州被匪軍包圍，由漢口方面來援之黃兵團，行至雙堆集南屏鎮一帶，亦被阻，只能達到聲援之效，而不克達到解圍之果，徐州方面乃有突圍之舉，期先向西再轉南下與黃兵團會師，以行動過於遲緩，且對企圖不能保密，致行至蕭縣附近又復被圍，終至形成徐蚌會戰之慘敗，使我野戰部隊主力喪失殆盡，欲據長安之險，以保江南而不可得矣！

（二）檢討與心得

1. 陸空聯合作戰，不是依賴空軍

聯合作戰，貴在彼此明白各個軍種之特性，尤於其軍種之能力與限度，要能透徹瞭解並加以運用，方可達到聯合作戰之目的，過去共匪尚無空軍，故今後在聯合作戰中，三軍更要各自講求在戰術方面之獨立戰法，諸如夜戰、小部隊之獨立戰鬥等等，總之不能以自己之缺憾，求其他軍種之予以彌補。

2. 統一的指揮

在一個階段、某一戰役的目的，只有一個，大家都應

向這個目標前進，不能各自又有其作戰的目的（此非指以達到大目的之小目的），致易為敵人利用，而造成於其有利之各個擊破態勢，不能發揮集體的力量，今痛定思痛，尤令人不測其居心何在者，當時方面指揮官動輒受部隊長之申訴，而無法貫徹其命令。

3. 對企圖—— 一個作戰計劃之保密

部隊長無負責之勇氣，又缺乏獨斷專行之能力，動輒請示，而不復顧慮所使用之電訊密碼早已洩密，故今後應講求「賦予之任務」，確實做到領袖所昭示吾人之「逐級授權，分層負責」之境地。

● 劉尊

作戰時級職：空軍第三大隊中校三級副大隊長
撰寫時級職：空軍第一聯隊上校一級副聯隊長

作戰地區：河南省南陽縣

作戰起訖日期：37 年 6 月 2 日至 5 日

南陽會戰

一、概要

1. 匪軍鳩合伏牛山及方城一帶匪軍向我南陽守軍進犯，來勢兇猛，我軍為防匪軍竄入防區，遂縮小防線，集中兵力對匪作戰，匪軍雖一度衝入南陽城東附近，但卒為我軍擊退。

2. 我空軍第三大隊駐防漢口，使用 F-51 式機協助我守軍作戰。

二、作戰經過：

1. 37.6.2. 率機四架，由漢口起飛，炸射南陽附近匪軍，飛抵南陽東十六公里之公路上，發現匪軍約 2000 餘名，馬車約 100 餘輛，由東向西行進，前頭已抵白河東岸。匪軍見我機臨空，急向河邊疏散，馬車已停止前進，當即轟炸，並於掃射，匪軍無處掩蔽，部分匪軍紛向河內泅避，匪軍死傷約 300 餘名，燬馬車約 20 輛。攻擊後，率各機順白河向北偵察，於博望西兩公里處公路上，發現零星匪軍約 100 名，向浦山店前進，經掃射一次後，斃

匪約十餘名，返航降落漢口。

2. 37.6.3. 率機四架，炸射南陽以東匪軍，飛抵南陽上空後，於城東二公里處之小村莊，發現匪軍 1500 餘名正在構築工事，當即分別對匪轟炸，匪軍即個別隱蔽，我機各選一目標，對匪低空掃射，經掃射五次後，合力斃匪約 100 名。返航落地加油掛彈後，當日再起飛炸射南陽一帶匪軍，於南陽東北三公里公路東邊之大村莊內，發現匪軍甚多，街道上停放馬車約 40 餘輛，似有向我南陽守軍進攻之踪象，當即轟炸並予掃射，燬房屋四棟，馬車約十輛，因匪躲於民房內斃敵不詳，炸射後飛往鎮平一帶偵察，無發現。

3. 37.6.5. 率機兩架，偵察舞陽、方城、南召、南陽一帶匪情，起飛後於舞陽東十八公里處之公路上，發現匪軍 1300 餘名，馬車 20 餘輛，順公路兩旁向鄧城方向行進，當即轟炸，斃匪 30 餘名，燬馬車五輛。掃射後飛向方城一帶偵察，由方城至舞陽之公路上匪車及馬車絡繹不絕，零星向舞陽行進，未予攻擊。於南召南七公里處發現匪軍約 700 餘名，木船十餘隻正向北渡河，當即掃射，斃匪約 50 餘名。返航經過南陽城東上空時，見我軍 500 餘人已渡過白河向東對匪追擊中。

三、檢討

1. 匪軍方面

（一）匪軍利用山地對我作戰，進可攻退可守。

（二）利用竄隙戰術實行個個保圍。

（三）向我南陽守軍進犯，使我南陽方面大軍採取守勢。

2. 我軍方面

（一）我軍為保衛南陽與匪展開激戰，卒將匪擊潰。

（二）我空軍均能適時支援地面部隊，獲得良好戰果。

（三）我軍因情報不靈，未對匪軍長驅追擊，使殘餘匪軍
逃脫，頗為遺憾。

四、效果

經過該次戰役後，嗣後匪軍在南陽、新野一帶未敢輕易進犯。

● 劉尊

作戰時級職：空軍第三大隊中校三級副大隊長
撰寫時級職：空軍第一聯隊上校一級副聯隊長

作戰地區：江蘇省徐州及安徽省安慶一帶地區

作戰起訖日期：37 年 11 月 8 日至 38 年 5 月 1 日

徐蚌會戰

一、概要

    1. 自民國卅七年九月卅日東北瀋陽戰事結束後，林匪（彪）所率之四野匪軍，於十月入關，威脅華北，蘇魯皖陳匪（毅）、劉匪（伯誠）等匪軍，向我徐州大軍進犯，我杜（聿明）、黃（百韜）、邱（清泉）、黃（維）等兵團，分別反擊，遂造成徐蚌大會戰。

    2. 我空軍第三大隊駐防徐州，協助我各兵團痛殲徐州外圍匪軍。

    3. 我空軍第五大隊、第一大隊及第廿六隊駐防南京、漢口等地，擔任徐州與長江以北地區之空中偵察、直接支援及空中補給等任務。

二、作戰經過

    1. 37.11.8. 由徐州駕 P-51 式機率機四架，協助台兒莊及韓莊我軍作戰，起飛到達台兒莊東北 20 公里處公路上及公路兩旁大路上，發現匪軍約 5000 餘名，手推車及馬車約 40 餘輛，正面約三公里，向台兒莊蜂擁前進，乃由東向西

進入投彈，投彈後即行掃射，此時匪軍四散奔逃，押運馬車及手推車之匪軍均棄車於附近臥倒，斃匪約 200 名，馬車約 20 輛。經第一次掃射拉起後，於台兒莊西北約 15 公里處公路附近，發現塵土高揚，經偵察發現匪軍約 3000 名，馬車及手推車約 20 餘輛向台兒莊前進，該批匪軍於我臨空時業在散開中，遂用無線電告知基地，並對該匪軍展開掃射，連續掃射四次後彈盡，遂返航，前後合力斃匪約 400 餘名，馬車 30 餘輛。

2. 37.11.11. 率機四架，炸射碾莊圩東北、灘上鎮以西之匪軍，起飛到達目標後，於灘上鎮以西之小村莊內，發現匪軍甚多，經轟炸後，村內一處大火，匪軍除炸斃者外，餘均已躲入民房，遂對該村莊東部匪軍集中之處，實行低空掃射，經連續掃射五次後，斃匪約 70 名，安返基地，我四號僚機翼尖中彈一發，人無恙。

3. 37.11.13. 率機兩架，炸射西呂村之匪軍，以 3500 呎高度，飛抵目標上空後，於村西北一華里處，發現匪軍約 1000 餘名，手推車 40 餘輛，向西北前進（手推車尚在村邊未前進），當即轟炸及掃射，斃匪約 150 名，急速返航落地掛彈後，再起飛對該批匪軍炸射。到達目標，匪軍已退回村莊掩蔽，為彈不虛發，乃向四外展開偵察，於蕭集、苑山間之小村莊內，發現匪軍約 800 餘名，正在集結，遂轟炸掃射，斃匪約 150 名。

4. 37.11.14. 率機四架，協助碾莊我軍作戰，炸射石龍橋及高莊兩地匪軍，本日共出擊兩次，合力斃匪約 600 名。

5. 37.11.16. 率機三架，炸射大耿莊、陳集及王家莊一帶匪軍，於大耿莊北一華里大路上，發現匪軍 500 餘名，當與轟炸

並掃射兩次，斃匪約 120 餘名。飛至王家莊於村內發現匪軍 1000 餘名，正在集結，當予掃射四次，斃匪約 20 餘名，掃射後，匪均躲入民房內。下午奉命率機四架，炸射苑山及周上集一帶之匪軍，飛抵苑山附近後，發現匪軍 2000 餘名，由苑山向西南進竄，當即轟炸掃射，匪軍急分散向苑山潰逃，攻擊後即返航，合力斃匪約百餘名。

6. 37.11.17. 率機兩架，炸射薛家湖匪軍及陣地，炸射後，斃匪不詳。當日復率機兩架，炸射太平莊及姚村，於太平莊發現匪軍約 2000 餘名及手推車約 50 輛，當予轟炸及掃射，合力斃匪約 200 餘名，手推車約十餘輛。

7. 37.11.18. 率機兩架炸射曹八集以西之後柳村撤退之匪軍，飛抵目標上空後，於後柳村東北三華里處，發現匪軍 700 餘，馬 50 餘匹，向東北方向急退，當即轟炸掃射，斃匪約 60 名，馬十餘匹。返航落地後，再率機三架，炸射二陳集及單集之匪軍，飛抵二陳集上空後，發現匪軍 3000 餘已出村莊向東北方向逃竄，當即炸射，斃匪約 200 餘名。

8. 37.11.19. 率機四架炸射碾莊西後官橋撤退之匪軍，於後官橋北四華里大路上，發現匪軍 800 餘名，向東北方向（沂蒙山區）逃竄，當即轟炸並予射擊三次，合力斃匪約 200 餘名。

9. 37.11.20. 率機四架，炸射大許家西北彭家樓撤退之匪軍，飛抵目標上空後，發現匪軍 1500 餘名正準備向東北方向潰逃，前頭將出村莊，遂即予轟炸掃射，炸毀民房六棟，斃匪約 100 餘名。

10. 37.11.25. 率機四架，炸射靈璧向我宿縣進犯之匪軍，起飛抵達靈璧以南之小王莊上空，發現匪軍 3000 餘名，手推

車 150 餘輛，由小王莊向西奔向鹿鳴山山地一帶疾進，當即連續向該批匪軍轟炸，投彈後並連續掃射四次，彈盡返航，合力斃匪約 150 餘名，手推車 10 餘輛。

11. 37.11.26. 率機兩架協助雙堆集我軍作戰，起飛後於雙堆集以南之馬莊及大別莊一帶，發現零星匪軍約 300 餘人，向我雙堆集外圍接近，匪見我機臨空，均倉慌逃散，惟該地均為曠野，無法掩避，遂對匪轟炸連續低空投彈後，並予掃射，斃匪約 50 餘名。

12. 37.11.27. 率機四架，轟射小白莊以東之匪軍，起飛飛抵目標上空後，於小白莊西六華里處，發現匪軍 2600 餘名，手推車 150 餘輛，向西進犯，當即對匪轟炸，投彈後並連續低空掃射，匪軍倉慌逃散，因無法躲避，遂成疏開隊形，座地以步槍對我機射擊，當時見匪無法逃避並為顧慮我機之安全，即命僚機各予不同之方向準確射擊，經 20 分鐘之掃射後，匪死傷慘重，合力斃匪約 400 餘名，各機均彈盡始返航。

13. 38.1.9. 由南京率機四架，協助杜兵團由雙堆集及陳官莊我軍出擊，以汽油彈攻擊大迴村北之王家花園，經八個汽油彈之攻擊後，王家花園頓成一片火海，並對村內匪軍掃射三次，合力斃匪約 200 餘名，燬房十餘棟。

14. 38.3.27. 率機兩架，由南京起飛偵炸無為、巢縣、合肥一帶匪軍，飛抵無為東南十八公里處，發現匪軍 200 餘名，正利用船隻渡河，見我機均行躲避，即予掃射，燬木船六隻。飛抵巢縣，西北八公里處發現零星匪軍約 300 餘名，沿公路向巢縣前進，遂予掃射一次，斃匪十餘名。於合肥北三公里公路上，發現匪軍之馬車 50 餘輛向合肥

行進，當即掃射兩次，燬馬車十輛，遂返航落地。

15. 38.4.22. 率機兩架，炸射安慶、貴池一帶渡江之匪軍，由南京起飛沿長江飛向安慶，於貴池西之江面上發現匪軍汽船一艘，正由北向南渡在江心無法躲避，遂對其轟炸，當時該棄船即起大火停止前進。於貴池西長江南岸公路上發現汽車兩輛，經掃射兩次後起火焚燬。攻擊後飛向安慶，於安慶西南渡江口發現匪軍 300 餘，正欲利用小木船 30 餘隻南渡，見我機均急逃散，當即低空掃射三次，斃匪 20 餘名，燬木船十餘隻，彈盡遂返航。

16. 38.5.1. 率機兩架由上海起飛炸射吳興、廣德間匪軍，飛抵吳興西十五公里處，於大河內發現汽船一隻滿載匪軍 200 餘名，向吳縣航進，當即轟炸，有一彈炸中船尾，當即傾覆，部分匪軍即跳河向兩岸泅逃，經掃射兩次後，斃匪約 150 餘名，當即飛向廣德，於廣德東十公里處公路上發現匪軍 200 餘名，車馬 80 餘，成隊向吳興前進，當即掃射四次，斃匪約 40 餘名，斃馬十餘。

17. 該戰役共出擊 21 次。

三、檢討

1. 匪軍戰術方面

（一）匪軍自東北瀋陽得逞，並趁我張家口及平津吃緊之際，欲以其僥倖之心理，圖與我徐州一帶大軍會戰。

（二）匪鳩合大批匪軍對我各兵團實施個別包圍，圖斷絕我後援與救援。

（三）利用喊話之心理戰術，瓦解我軍士氣。

（四）實施地溝戰法，阻我出擊與救援。

（五）晝伏夜出對我軍實施疲勞戰術。

2. 我軍方面

（一）優點

（1）該次戰役為戡亂最重要一次之戰爭，我為保守長江以北之廣大地區，並澈底消滅匪軍主力，集中大軍與匪決戰。

（2）各兵團堅守防地，痛殲匪軍無算。

（3）我空軍集中兵力全力支援戰區作戰，協同良好。

（4）我忠貞勇士，奮不顧身，與匪戰鬥到底。

（二）缺點

（1）未能堅守補給交通線，蚌埠一帶為匪佔據，致前方缺乏糧彈，影響士氣。

（2）各兵團合作欠圓滿，未能達成相互救援之任務。

（3）部分官兵喪失了革命精神，意志不堅，為匪利用，鑄成大錯。

（4）對匪戰術缺乏了解，致對匪挖溝戰術，無良善對策。

四、效果

該次戰役我軍遭受挫折後，大陸領土遂漸次變色，大陸同胞亦為俄帝共匪所踩躪，我軍雖一時失散，對我反共抗俄戰爭過程稍有延長，但對我方不忠貞之份子立予澄清，使我反共抗俄聖戰，走上光明之途徑。

● 韓文虎
作戰時級職：空軍第三大隊少校一級課長
撰寫時級職：空軍軍官學校教育處上校三級副處長

作戰地區：徐蚌

作戰起訖日期：37 年 8 月至 38 年 4 月

徐蚌會戰

（一）概述

　　自卅七年冬黃伯韜於徐州東北作戰失利，欲與邱清泉所部於碾莊會合，不料作戰失利，而成徐州不守，蚌埠告急之勢。

（二）作戰前之狀況

　　我空軍第三大隊駐徐州，亦隨黃、邱部隊之失利而遷南京及蚌埠，杜聿明駐李士林一帶、黃維駐雙堆集一帶，阻匪軍之南下，我空軍亦隨時協助該兩兵團之作戰。

（三）我軍作戰指導

　　空軍除協力兩兵團之作戰外，並對匪軍作有效之攻擊，杜兵團阻匪軍之南下，被圍後黃兵團前往解圍。

（四）作戰經過

　　杜兵團不但未能阻止匪軍之南下反為匪軍所包圍，黃兵團未能達成解圍之任務反被匪軍所圍困，我空軍除晝夜協力作戰外，更冒雪天空投糧食及彈藥。

（五）檢討

1. 杜兵團未能主動作戰，不論情況如何遇敵即不前，求援過切，致形成重重被圍困。

2. 黃兵團行動緩慢，亦遇敵不前，被少數敵之牽制，有圖保存實力之嫌，致同被殲滅。

3. 匪軍之偽裝隱蔽較前進步多多，飛機無法達到攻擊之目的，更利用如蛛網之散兵壕，逐漸接近，縮小包圍，而達到殲滅之目的。

4. 空軍除日夜不斷輪番出動外，更利用汽油彈、傘彈等，皆未能達到解圍之目的，尤於被圍之部隊未能利用我機攻擊之時機而作突圍之行動而失敗。

● 韓文虎

作戰時級職：空軍第三大隊少校一級課長
撰寫時級職：空軍軍官學校教育處上校三級副處長

作戰地區：京滬

作戰起訖日期：38 年 4 月至 6 月

京滬保衛戰

（一）概述

　　徐蚌不守南京告急，我地面部隊固守南京及上海外圍，而成南京及上海之保衛戰。

（二）作戰前之狀態

　　地面之部署完成，空軍進駐上海及定海，以作保衛戰之支援。

（三）我軍作戰指導

　　空軍除擔任保衛戰之支援外，並對平漢路之橋梁及車頭作澈底之攻擊，並對南下匪軍作猛烈之掃蕩，地面部隊除固守京滬外，並與我空軍協同作戰，以求擊退來犯之匪軍。

（四）作戰經過

　　由江陰砲台之失守，南京守軍未有劇烈之戰鬥即退守上海，我機除大部駐守江灣及大場外，一部駐在定海，並每日自晨至暮經常不斷予匪以阻擊，尤以瀏行一帶最為劇烈，後因交輯叛變戰

局而成紊亂，砲彈落於停機坪附近，故有數機未及撤出而後加以破壞。

（五）檢討

　　1. 匪軍利用間諜，散播謠言，影響軍心至鉅。

　　2. 匪軍乘我地面部隊甫由徐蚌撤守未及休息整頓，即行加緊攻擊，並利用漢奸作內應，達到其最終之目的。

　　3. 我空軍除經常不斷協同作戰外，更冒惡劣天氣出動，尤以在緊急撤退之際更冒極惡劣之天氣飛返定海。

● 洪奇偉

作戰時級職：空軍第三大隊第三課上尉一級課長
撰寫時級職：空軍第一聯隊上校二級參謀長

作戰地區：徐州、嶧縣、蒙陰、新泰

作戰起訖日期：35 年 10 月 1 日至 12 日

魯南戰役

一、概述

　　1. 抗戰勝利後，政府還都，全國軍民同慶，惟共匪則四處叛
　　　亂，不顧人民之死活，到處殘殺破壞交通，擾亂金融，以
　　　達傾覆政府之目的。勝利後本（三）大隊駐於徐州，匪
　　　陳毅、劉伯誠等部隊則分別在蘇、魯、皖、豫等地叛亂，
　　　我陸軍杜聿明、黃百韜、邱清泉、黃維等兵團分別予以
　　　追擊，我空軍除三大隊外尚有第五戰鬥大隊、第一轟炸
　　　大隊、第十一戰鬥大隊分駐南京、漢口、開封等隨時協
　　　助我地面友軍作戰，我空運部隊亦隨時予地面部隊空中
　　　補給。

二、作戰經過

　　1. 三十五年十月一日由徐州駕 P-51 機率領僚機三架至禹王
　　　山發現匪軍 1500 餘於公路上前進，即行掃射，匪四處逃
　　　避，約死傷 300 餘名，馬數十匹。

　　2. 三十五年十月四日陳匪佔領龍因集，率機四架前往炸射
　　　協助我軍攻佔，斃匪約數百。

3. 三十五年十月七日匪佔據焦山、望仙山，我地面部隊無法攻佔，我率機一批四架，由地面聯絡組電台指示向焦山及望仙山兩地俯衝轟炸及掃射，斃匪 500 餘，未幾我軍即行佔領。

4. 三十五年十月八日陳匪盤嶧縣有撤退模樣，我率機二架抵達目標上空後，於嶧縣東三華里處發現匪軍 800 餘、騾馬 70 匹、卡車一輛，即予以掃射，匪軍四處逃亡，騾馬亦驚慌亂竄，約斃匪軍 200 餘，騾馬十餘匹及後將該卡車擊中燃燒。

5. 三十五年十月十二日匪在蒙陰山區有移動模樣，我隨楊大隊長共 P-51 四架前往，見蒙陰及新泰兩地區之工廠有匪千餘名及手推車甚多，即予以轟炸及掃射，因各機彈藥完畢再返徐州裝載第二次前往，然匪多已掩蔽矣，此役共斃匪約 500 餘人。

三、檢討

1. 匪軍

（一）匪軍利用山地對我軍作戰進可攻退可守。

（二）裝備簡單，隨處補給，故行動迅速機動性極高。

（三）晝伏夜出，一方面避免受我空軍攻擊，另一方面實施疲勞戰術。

2. 我軍

（一）優點

（1）我空軍因無匪機顧慮，制空權全在我手，協助地面部隊作戰，無論士氣戰術均至成功。

（2）空軍與地面部隊因有連絡組，電台及布板符號

　　　　協同良好。

　　（3）我軍均能奮不顧身與匪戰鬥到底。

　　（4）地面部隊如避匪圍攻，補給斷絕，我方可利用
　　　　　空投接濟，繼續作戰。

　（二）缺點

　　（1）地面各軍合作欠圓滿。

　　（2）山地夜戰欠良好訓練，匪利用我缺點作戰。

　　（3）各級長官對匪戰法欠精研，以謀以策。

　　（4）地面部隊對空軍依賴太甚，好像無空軍助戰戰
　　　　　敗便可有藉口，而未想到匪並無空軍助戰。

四、效果

　　該次作戰後，匪軍受重大打擊到處流竄，奠定以後膠東戰役
之勝利（我軍收復山東半島）。

● 陽永光

作戰時級職：空軍第三大隊作戰科少校科長
撰寫時級職：空軍指揮參謀學校上校教官

作戰地區：安徽阜陽

作戰起訖日期：37 年 3 月 27 日至 4 月 2 日

阜陽戡亂

一、概述

　　中華民國三十七年三月二十八日，劉匪伯承率六個隊，另加蘇豫鄂軍區張國華部及魏鳳樓股，共計十萬之眾，圍攻阜陽國軍58 旅。彼若得手，則可長驅直入，流竄蚌埠，撼搖京滬，阻擾國民大會制定憲法。幸我忠勇空軍，獨具慧眼，洞悉奸計，以解救危亡為己任，用徐州、南京、漢口之全部兵力，不分晝夜集中要害攻擊之。匪苦撐四天後，卒不能，於四月一日晚潰退，名城得保，其計遂不得逞。筆者為該役空軍作戰之策劃者兼戰鬥指揮官，以所歷事實及心得臚列如後，以供參考。

二、作戰經過（作戰前匪我態勢圖詳附件一）

　　三月二十八日，匪我態勢如附圖二，徐州剿匪總司令部向空軍第四軍區司令部徐州指揮所申請偵察阜陽地區匪情，副司令鄧志堅上校准予派機前往，乃命令空軍第三大隊執行。以目標區天氣惡劣，僅出動三架次。根據戰鬥員報告，匪有圍攻阜陽之行動，本人因病臥床，來探望之戰友談及前線戰況，余意國軍第五軍駐防鉅野、鄆城，八十四師在曹縣，十八軍位置在新鄭，張軫

兵於羅山，有力之地面部隊均遠距阜陽二百公里以上，劉匪所部圍攻阜陽一旅之數，猶如猛虎擒羊之勢。以阜陽守軍而言，如俟地面友軍馳援，恐有緩不濟急之憾。如匪攻阜陽得手，則可長驅直入，流竄蚌埠，憾搖京滬，阻擾國大進行，對政局之影響，莫此為甚。深感此役成敗關係之重大，與乎局勢之嚴重，唯賴我空軍竭盡智勇挽救之，乃毅然決然扶病面謁鄧上校陳述所見，並請立即採取行動，申准自本日起調派南京、漢口及徐州等地之全部兵力，對阜陽附近之匪軍作戰。

當蒙鄧上校採納，隨即議定步驟如下：

（一）命令南京第五大隊、漢口第一大隊、徐州第三大隊等，均自三月二十九日拂曉起採取緊急姿態，待命出擊阜陽之匪軍。

（二）著空軍第三大隊於三月二十九日拂曉派經驗豐富者偵察阜陽地區匪軍攻擊部署及支掌點位置之所在，以為空軍集中攻擊目標之選定。

（三）建立阜陽上空空軍戰鬥指揮所，以期集中經濟，而且有效之運用空軍兵力。

（四）請空軍總部派空運部隊擔任夜間之監視與白晝之空投任務。

（五）出席徐州剿匪總作戰會議時，提出空軍之作戰判斷與計劃，並希望阜陽守軍能支持四個晝夜。

三月二十九日，照預定之步驟實施，空軍第三大隊派本人率副隊長張少校駕 P-51 於拂曉起飛，7:30 抵達阜陽上空，發現匪在城東及城北兩處攻擊甚烈，見飛機臨空，即行閃避至村落或廟宇內，以阜陽城附近地形而言，只有東、北兩方容易接近，因此，本日空軍攻擊之目標，

集中在城東及北兩方之村莊。兵力分配：東：三十架次；北：二十架次；西及南方各十架次，夜間 C-47 擔任監視任務。

三月三十日至四月一日，均照二十九分配之兵力實施作戰，敵我態勢如附件三。

四月二日，佛曉任務歸還之戰鬥員報告，匪已潰退，以未知其主力之所在，空軍為撙省兵力，僅派機偵巡。是以本報告亦至此日告結束。

三、戰鬥後狀況

匪圍攻阜陽四晝夜，計被空軍攻擊傷亡者一一五九〇人，汽車七八輛，毀工事一一四處，房屋二五五棟。名城得保，政局穩定，國民大會不受影響，憲法按期實施。總計出動 B-25 一六架次、P-51 二五〇架次、C-46 十三架次、C-47 二架次（夜間七架次）。

四、心得

（一）空軍不待友軍之申請，自動大量出及，以挽救危局，此種忠勇精神，足以自慰。

（二）對敵情判斷正確，對兵力之運用，能合於「集中」、「經濟」而「有效」之原則，致於建立戰場上空空中指揮所管制戰鬥，又為達到上述原則之良好方法。

（三）空軍對此役而言可謂非常成功，係「合作」、「智慧」和「勇氣」等各種精神匯合而成之結晶。

（四）阜陽守軍遭遇優勢匪軍圍攻，苦戰四晝夜，卒保名城，意志可嘉。

（五）戡亂期間匪雖有空軍，然力量微弱，不足言戰，空軍之作
　　　戰對象僅為陸軍，今日匪海空軍均已茁壯，陸軍裝備，三
　　　軍之補給系統與乎作戰資源等均今非昔比，因此，今後空
　　　軍對匪作戰，不能脫離現實，至為重要。

附圖一 阜陽之役前匪我態勢要圖

卅七年三月廿七日

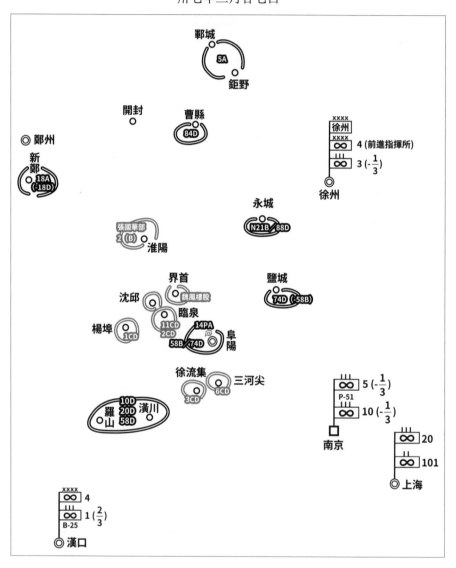

附件二 三月廿八日匪軍動態要圖

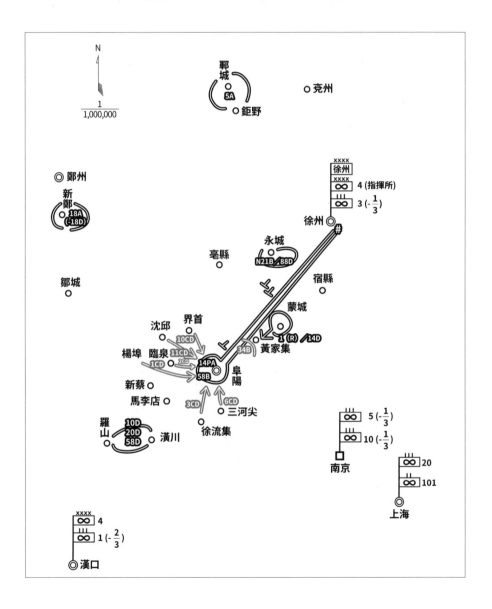

附件三　卅七年三月廿九日至四月一日匪我戰況要圖

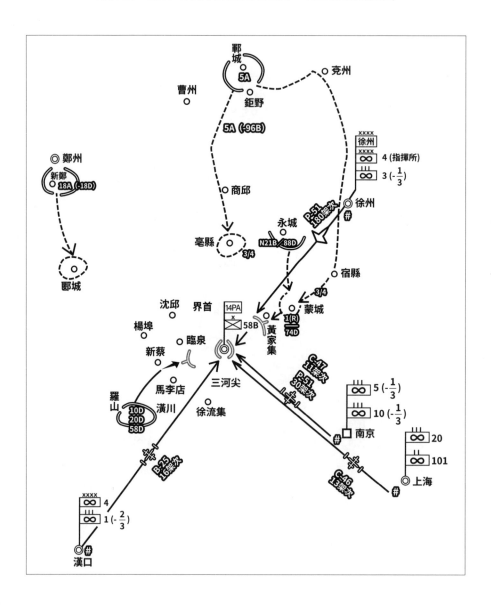

● 王光復
作戰時級職：空軍第三大隊第七中隊上尉中隊長
撰寫時級職：空軍總司令部作戰署上校一級組長

作戰地區：蘇北、魯南

作戰起訖日期：34 年 8 月 10 月

蘇北魯南戡亂作戰

一、概述

　　卅四年八月日寇宣佈投降，朱毛匪幫乘我政府勝利復員之際，積極展開叛國作亂行動。竊踞蘇魯諸省之陳毅匪部，更以兩淮湖沼區帶及蒙沂山區為叛亂之根據地，脅迫民眾，破壞隴海、津浦鐵路交通，阻礙國軍受降擾亂社會治安。繼利用美方調處停戰協定為掩飾厲兵秣馬，祕事佈署，悍然不顧一切，暴露其公開叛亂面目，發動大規模攻犯蠢動。

　　余時任職空軍第三大隊駐防徐州，經常率隊偵察匪情，掩護交通，及協向地面友軍執行剿匪任務。茲將卅五年蘇北魯南地區作戰經過，就追憶所及概予技術以供參考。

二、作戰經過

（一）陸軍戰況

　　徐州綏署主任薛岳將軍負責指揮魯地區剿匪作戰，以肅清津浦、隴海交通阻礙，消滅陳毅匪部為作戰目標。卅五年七月徐州外圍附近匪勢猖獗，為排除其對徐州之威脅，乃在我空軍之支援掩護下，以陸軍 28 師、57 師、69 師、72 師諸師等約兩個軍之

兵力，沿隴海路及津浦路徐州蚌埠段向東進剿。七月廿一日開始分四路並進指向淮陰、淮安匪巢，初期進展頗為順利。當時匪軍似以化整為零避免予我軍正面戰鬥，而利用空隙回竄津浦線，集結二萬之眾向我 69 師後方突襲，致使我軍進剿一度受阻，繼經兩週之戰鬥後，方重創匪軍主力，肅清宿遷、泗縣地區殘匪，繼續沿黃河舊道東進，雖不斷受殘匪據險頑抗，但卒能於九月十九日攻克淮陰，二十二日攻克淮安，消滅奸匪蘇北巢穴。

兩淮克復後，我進剿重點即轉移於徐州東北方面。斯時津浦路徐州北段，常受匪軍竄擾，交通幾呈中斷現象，為解除臨城之圍，乃以 26 師自韓莊越過運河北進，配合固安、臨城之 97 軍□擊臨棗區匪部，十月九日先後克復□縣攻占棗莊，臨城之圍既解，台棗支線亦得暢通。

（二）空軍作戰

徐州附近之空軍之作戰係由漢口空軍第四軍區負責，司令官羅機將軍進駐徐州親自指揮督導，當時空軍第六大隊除以一個中隊（廿八中隊）駐防濟南擔任魯中地區之作戰外，其駐於徐州參與本階段作戰之兵力為第七、第八兩個中隊，每中隊約有 F-51 型戰鬥轟炸機十五架，另駐防漢口之第一大隊亦不時派遣少數 B-25 型輕轟炸機臨時進駐，配合執行重點任務。

七月中旬陸軍攻勢發起後空軍之作戰，即以支援兩淮即臨棗地區之戰鬥為重點，惟八、九月間魯西定陶、荷澤方面劉伯誠匪部策應蠢動，我空軍曾及時轉移兵力東西兼顧。全期作戰中，為應各戰場之需要，空軍每日出動飛機平均約二十架次，遇地面戰況激烈或發現有利目標時，則出動兵力約增加一倍左右。

當時匪軍中半數以上皆為民兵，其正規部隊僅使用於重點地區，故我機實施空中偵察，實不易判明其動態與企圖。但因匪軍

向無重裝備，工事構築簡單，彈藥補給均係利用擔架及手推車運送，我機發現後僅使用機槍或隨機攜帶之輕型炸彈實施攻擊，即足以達到殺傷制壓之目的，由於空軍支援之得力，故我陸軍能按預定計劃順利推進蘇北、魯南掃蕩陳毅匪軍。

三、檢討

（一）大陸剿匪時期共匪尚無空軍、有效對空武器，故我空軍任務執行時顧慮甚少，且可集中全力使用於支援地面友軍作戰。在整個作戰中，雖可使友軍部隊得到極大之保障，但無形中造成友軍對空軍之依賴心理，預想未來反攻之作戰，此種絕對空優之態勢，將不復存在，空軍兵力之運用，勢必以爭取空優為第一優先之任務，而對友軍支援兵力將僅能使用於重點方面。

（二）共匪叛國武力之形成，主要乃在善於利用廣大民眾力量，控制民眾掌握整個地區，目前大陸民眾身受共匪毒害，對共匪假裝欺騙手段已予澈底省悟，故當時反攻作戰時必須注意民運工作，發動全體人民共同抗暴，方可瓦解匪黨，早日完成勝利。

●　張銘鈺

作戰時級職：空軍第三大隊第七中隊少校
撰寫時級職：空軍軍官學校中校一級中隊長

作戰地區：碾莊圩、雙堆集、青龍集、滬杭一帶、舟山、海南
　　　　　及湘桂
作戰起訖日期：37 年 9 月 24 日至 39 年 4 月 27 日

舟山、徐蚌、湘桂、上海、沂蒙、海南戰役

一、前言

　　余任副中隊及中隊長職務時曾參加剿匪戡亂任務，係自 36
年 8 月 20 日至 39 年 4 月 22 日，其間包括大別山戰役、沂蒙戰
役、徐蚌戰役、上海保衛戰、舟山戰役、湘桂戰役、海南戰役，
當時戰術空軍之運用，著重於地面直接支援、阻絕任務及偵察任
務，參加各戰役之空軍部隊多為機動和調用，或輪流換防性質，
故對每一戰役各中隊階層，實難得到一個完整的概念。

二、各戰役詳歷及心得
（一）沂蒙戰役
　　　1. 經過
　　　　余參加這次戰役僅於 37 年 9 月 24 日率領第七中隊支
　　　援濟南作戰任務一次，也是濟南失守前一日，匪軍已
　　　將濟南城牆南邊砲轟一缺口，匪軍已破城而入，城內
　　　我軍王耀武部隊已成紊亂現象。

2. 檢討

由於當時情況危急，匪軍已由城牆南邊缺口湧入，故對該缺口攻城之匪軍，實施超低空轟射，因掃射十餘次及低空盤旋監視過久，子彈箱中彈燃燒，幸未造成失事。

3. 對匪軍作戰實施低空攻擊時，不可過於大意，尤其對地面攻擊之方向高度，應隨時變換，而低空長時間的盤旋亦應避免，不可輕視匪軍步槍也會用於對空集中攻擊。

（二）徐蚌會戰

1. 經過

余參加該次會戰的時間係自 37 年 11 月 5 日至 38 年 1 月 6 日，其地區包括碾莊圩、青龍集、雙堆集一帶地區，第七中隊前後出擊三十五次，駐地是徐州及蚌埠。

2. 檢討

（1）自從隴海路國軍開始向徐州集中，第一個不幸是黃伯韜兵團過運河，受創後被圍碾莊圩，余認為他的部隊，作戰勇敢士氣旺盛，雖敗尤榮。使人所不能瞭解的是邱清泉兵團，未能在空軍全力支援之下，自徐州迅速向碾莊支援黃兵團，行軍速度每日常常不到三、五里，雖然空軍已按照計劃將他們進路上的阻礙消除（有時將整個村莊轟平），據空軍的偵察實不可能再留有強大的匪軍，但是我們都聽到邱兵團的情報說匪軍抵抗強烈，這點很使我個人對邱兵團發生疑惑。

（2）第二個不幸的是黃維兵團北進時，被圍於雙堆集，最後汽車變為掩體，戰車做為高級將領突圍的工具，我在蚌埠的空軍指揮室裡，曾親自聽到了這個兵團的一位高級將領對於黃伯韜兵團的不幸竟然表示說雜牌軍隊的犧牲並不足惜，好像是應該犧牲似的，我很感疑這位將軍的想法，但他的結果仍逃不脫被共匪所個個擊敗的命運。

（3）第三個不幸的是邱、杜、李三個兵團被圍於青龍集，這三個兵團一齊撤離徐州，向南開進，頭兩天的進展情形甚佳，據我當時空中偵察估計，汽車有一萬輛，戰車約五百輛，本可以發揮機械化部隊的特性，迅速佔領永城，繼之以解雙堆集之圍，相反的匪軍卻沿津浦路徒步急行軍南下，可以迎擊我開往永城的先頭部隊。當前在空中發現時，即行轟炸掃射這批急行軍的匪軍時，他們的隊伍沒有紊亂，繼續行進，隊形異常密集，約五路以上的行進，長度達十餘里，俟大批匪軍先到達了永城，我軍已不再作前進，始終停留在青龍集一帶，範圍愈打愈小，士氣愈來愈低，最後連空投也無效了。

3. 心得

匪軍紀律嚴格行軍迅速，而我方慣用烏龜戰術，未能發揮機械化部隊的特性，各兵團之間未能互相支援，終為匪軍所個個擊破，應深加檢討，空軍指揮官羅機將軍當徐州戰況混亂，機場落砲彈之情況下，仍能指揮若定，機警沉著，敢勇果斷的表現，實值得敬佩。

（三）上海保衛戰

　1. 經過

　　余參加這次保衛戰的時間是 38 年 5 月 8 日至 38 年 5 月
　　18 日，曾率領第七中隊出擊六次任務，我隊駐防江灣
　　機場。

　2. 檢討

　　我隊支援的重點是在北面月浦、劉行、川沙一帶，戰
　　況最激烈的也在北面，而我軍表現最好的也在這一方
　　面，我隊參加十天的作戰後即移駐定海，所以這僅是
　　整個上海保衛戰的一小段。

　3. 心得

　　匪軍並非以前我所想像的那樣利害，北面月浦、劉行
　　一帶的守軍，不但可以抵抗住來勢凶猛的匪軍，而且
　　還可以殺出陣地以外，所以我覺得有些戰役中並非匪
　　軍有什麼大不得了，而是我們表現得太壞了吧。

（四）舟山戰役

　1. 經過

　　余參加這次戰役分為兩次，第一次是 38 年 6 月 23 日
　　至 38 年 7 月 4 日，我第七中隊由上海移駐定海，當時
　　的任務是對定海當面匪軍加以監視，地面上沒有戰鬥。
　　第二次是 39 年 4 月 4 日至 39 年 4 月 27 日，我陸軍部隊
　　多已撤離滬杭地區，所以我隊的任務仍然是監視偵察。

　2. 檢討：在 38 年 6 月 23 日至 39 年 4 月 27 日這段期間，
　　國軍已大部撤離大陸，匪軍內部又汲汲忙於整備工作，
　　所以沒有值得檢討的價值。

3. 心得

我們的空軍指揮官賴遜岩將軍對戰鬥機之運用，重視經濟及集中使用，每天的拂曉任務多半都是他自己駕L-5機擔任偵察，如有情況發現，即行集中攻擊，故使空軍士氣更加旺盛。

（五）湘桂戰役

1. 經過

余參加這次戰役的時間是 38 年 9 月 26 日至 38 年 10 月初，僅率領第七中隊 F-51 機四架，因戰況關係曾駐衡陽、桂林、柳州等地。

2. 檢討

這次我隊支援作戰的飛機數量最少（四架），時間亦不過十餘天，而卻遷移了三個駐地，可見當時情況之不佳。

3. 心得

雖然我們每次的移防都是情況非常險惡，但是都能在羅機將軍沉著勇敢的指揮下安全撤離，使我們增加了地面安全的感覺。

（六）海南戰役

1. 經過

余參加這次戰役的時間是 39 年 4 月 4 日至 39 年 4 月27 日，曾親自率領第七中隊出擊四次任務，我隊原駐海口，後移駐三亞，匪軍攻擊海南島的人數據我空中偵察的估計不至超過五千人，他們使用機帆船登陸時

僅用一波，並沒有繼續增援。

2. 檢討

當匪軍登陸時及登陸後始終沒有發現我軍有直接的抵抗，所看到的只是退卻，匪軍將要糧彈俱盡的時候，我軍卻自動放棄了海口，把倉庫送給了匪軍，因此我隊在緊急撤退中損失了一架 F-51，事實上兩天後匪軍還沒有到達海口，可是我隊已經移駐三亞了，所以對於海口方面的支援也就不甚方便，好像空軍已經失去了支援的意義，因此我隊於 39 年 4 月 27 日也就全部撤回台灣。

3. 心得

如果一個指揮官沒有作戰的決心，而對部下又失去了信心，再加上對於情報雜亂，我想他一定是要打敗仗，不然就是不戰而降。

● 姚兆元
作戰時級職：空軍第三大隊第八中隊少校三級中隊長
撰寫時級職：空軍總司令部作戰署訓練組上校組長

作戰地區：蘇北上海黃浦江及董家渡

作戰起訖日期：38 年 5 月 12 日至 25 日

蘇北上海黃浦江及董家渡戰役

一、前言

　　蘇北上海黃浦江及董家渡之役時任職空軍第三大隊第八中隊長職，卅八年五月中旬奉命率領野馬式戰鬥機一隊飛滬增援，參加上海保衛戰，擔任攻擊蘇北淞滬近郊及黃浦江董家渡匪軍及陣地，共計出動一百餘架次，迄五月廿五日匪軍砲擊機場，無法繼續執行任務，遂轉進舟山。

二、「蘇北上海黃浦江及董家渡」戰役作戰經過

　　民卅八年五月中旬率野馬式戰鬥機一隊飛滬駐粜江灣，是期每日奉令阻擊匪軍，由朝至暮攻擊任務日必十數次，以上海近郊諸村鎮匪軍及陣地為主要炸射目標，設施為輔，油彈裝載終日未克稍止，戎衣不卸，食無定時，其戰況之激烈，在所未有。該次保衛大上海戰役中，匪軍包圍我空軍之攻擊戰術，就每次任務空中觀察，較諸歷次戰役顯有進步，雖我戰鬥機以超低空行動予以猛烈炸射，然其際我攻擊時非特無鼠竄之態，且能應用迴避戰術乖巧躲閃我機各方向進入掃射轟炸之砲火，並集中火力以反擊之。易言之，為使具有嚴重之創痛，我方兵力應用必予加大，駐

滬兵力已顯見不足之現象矣，雖本軍機動利用空運機改載重磅炸彈，加強於夜間予匪以疲勞轟炸，以增我轟炸部隊之實力，仍未能遏止匪軍如潮之湧泛。

五月廿五日晨由於情報缺乏，匪軍砲襲江灣未獲先知，彈距機群雖僅咫尺，幸無傷害，基此戰情緊急之際，非戰鬥機迫行轉進舟山。斯日天候惡劣，濃霧漫天，匪砲不斷襲擊，然我戰鬥機群仍冒匪砲火威力圈下奮起攻擊近郊匪軍，以圖戰局得有好轉，然以勢單力薄，友軍配合作戰困難，不得已是夕全部兵力轉進舟山。

三、心得檢討

就歷年參加東北華北諸戡亂戰役作戰經驗綜合心得，斯時匪軍因係烏合組成，對空軍攻擊防禦戰術，可云漫無所知，是以該等戰役，匪軍損失奇重。迨徐蚌、上海之役為時僅隔年餘，其部隊訓練以戰場中獲得之經驗而隨時授及基層，致令陣前傷亡率大減，足證作戰、訓練二者應予同時相輔而行，敵之戰法研討與我之對策實有效於無謀之勇進，所謂「知己知彼百戰百勝」也者，誠戰鬥致勝之主訣也。

現代戰爭非單軍種即可致勝者，觀之徐蚌、淞滬戰役，苟能三軍協同，相互支援與配合作戰，視作戰為一整體而非單一性即可戰勝生存者，則戡亂之成誠屬易事耳。際茲吾等反攻準備時期，對戰法之研究與協同作戰之訓練，實為當前之急務也。

● 陳鴻銓

作戰時級職：空軍第三大隊第八中隊上尉副中隊長
撰寫時級職：空軍第三大隊上校三級大隊長

作戰地區：濟南徐蚌地區

作戰起訖日期：37 年 9 月 14 日至 11 月 30 日

濟南戰役與徐蚌會戰

一、概述

  1. 概述

    空軍第三大隊於抗戰期間原隸屬於中美混合團與美軍併肩作戰，東征北伐，戰果輝煌。抗戰勝利後，由安康調駐徐州，並以一個中隊駐濟南，由第四軍區指揮。當時和談聲中，共匪一面佯作停戰之姿態，一面積極從事戰備，並不時出擾，爭取有利地位，除由蘇北一帶侵犯威脅京滬外，並加緊徐州之包圍，切斷津浦鐵路，使濟南、徐州與首都間之陸上交通斷絕而陷於孤立。在整個戰局而言，徐州與濟南雖為若干重要據點之一，但此二城之得失其影響全般之態勢者甚鉅。空軍第三大隊自民三十四年十一月初移防徐州，迄民三十七年十一月二十九日徐州棄守時移駐南京繼續作戰時為止，前後歷時三載又一閱月，其間凡當時使用之野馬式戰鬥機航程所能及之戰役，無不參與戰鬥，即友軍戰鼓寂靜之際，空中偵巡猶不斷執行，空軍之作戰無日或停。蓋空軍之活動時間、空間與地域之彈性極大，但空軍之作戰除人員、裝備、補給等

必備之條件外，其具有安全保障之基地實為最要之因素，徐州及濟南二基地於此三年之戡亂之過程中，曾先後三度因外圍匪軍相距不及二十公里之遙而做緊急撤退之準備，當時之情形，空軍所能發揮之威力實已受到嚴重之影響，雖不謂保有空軍基地定能扭轉戰局，但一旦機場放棄之據點，地面部隊所受威脅必較增大，尤以當時匪方無空中力量，故我空軍之活動亦較單純，茲就本部隊當時駐防之兩基地之戰況概述於後。

2. 各部隊之番號

空軍第三大隊下轄七、八、二十八，三個中隊。

3. 編制與裝備

（一）編制

（1）大隊下轄三個作戰中隊及一、二、三、四課，分管人事、情報、作戰、後勤業務，又七個室分掌行政、監察、政工、統計、通信、財務、醫務等業務，此外並配有第七六電台、第四二電話班與甲種汽車修理班之編制。

（2）作戰中隊以四個分隊組成，並配有行政、作戰、通信、醫務、機務及軍械、彈藥各部人員，分司其有關業務。

（3）大隊部編制人員官佐八九員，士兵一一七名，作戰中隊編制官佐六九員，士兵二二五名。

（二）裝備

大隊配屬 F-51 型野馬式單發動機戰鬥機七十五架，分配各作戰中隊各二十五架。

4. 指揮之部隊

空軍第三大隊第八中隊，本人任副中隊長。

二、作戰前之狀況

敵我態勢戰地一般狀況等

（一）民三十七年秋，陳匪自豫東會戰敗北及陷我兗州後，積極於魯西、魯中及黃汎區陸續集中兵力，企圖偷襲濟南外圍並完成其作戰部署。當時陳匪之 1CD、4CD、6CD、8CD 及劉匪之 11CD 於魯南及魯西一帶，企圖阻截我北上之援軍，故我 2D、73D、84D、74D 堅守濟南外圍各據點，並待北上兵團趕至即行夾殲。

（二）自濟南棄守後，我部隊即行部署準備保衛徐州外圍，當時黃伯韜兵團在徐州以東，邱兵團在徐州西南，匪則集其魯、豫及蘇北一帶兵力傾巢而出，構成以面積點對我不利之態勢。

（三）濟南戰役之作戰初期，全大隊共有 F-51 型戰鬥機四十五架，內有駐濟南之第二十八中隊十二架，由二軍區部指揮所指揮，駐防徐州之七、八中隊之三十三架亦視戰況之需要適時前往增援，或利用濟、徐兩基地作穿梭作戰。又當時空軍第四大隊、第五大隊、第一大隊與八大隊亦均分別利用北平、南京、青島、上海等基地隨時做參加作戰之準備。徐蚌戰役之始，空軍第三大隊原利用徐州基地，但當時之態勢，機場之安全實有朝不保夕之虞，其間較為緊急者為十一月二十日下午機場塔台附近中落砲彈，距飛機停放地帶不及

一百公尺，當時地面情報無法判斷匪砲方位，乃由本部隊之飛機升空偵察並將可疑之處施以轟炸，匪砲始行停止，機場得免威脅。至於空軍其他部隊，除四大隊、十一大隊外，均曾參與此役，可謂空軍戰史上出動兵力相當龐大之一役。

三、作戰經過

1. 三十七年九月十四日，匪軍分股逐次向我濟南外圍各據點近逼，入晚其渤海 CD 向我郭店進犯，崔子明部向我長清逼近，長清以南十里舖之匪亦分別與我各守軍接觸。我軍奮勇抵抗，十五日匪軍兵力屢增，長清被圍，十七日戰況轉急，我軍撤回濟南近郊作戰，入夜尤為激烈，該日我 74D 之一部由徐州空運抵達濟南接任機場守備。翌晨匪砲擊濟南機場，先後落彈三發，空軍乃於當日全部飛往青島，午前由徐州空運 74D 主力之空運機亦未能降落而折返。此後本部隊與第一、第四、第五、第八大隊之飛機，分別由徐州、北平、青島、南京等基地出動，在航程與時效上均不若往昔之有利，然我空軍健兒莫不以極端旺盛之攻擊精神，奮勇作戰，自晨至暮出動頻繁，適切配合陸空之要求，予匪以摧毀性之攻擊。此役中冒匪猛烈之高射砲火執行任務而座機中彈者為數甚夥，少尉飛行官周濟榜於是役壯烈犧牲。

本大隊出動之兵力如左（戰果略）

日期	出動批數	架數	任務
九月十五日	1	1	偵察濟南外圍
十六日	3	3	偵察濟南外圍匪軍
十七日	12	27	偵察濟南外圍匪軍
十八日	10	21	偵察濟南外圍匪軍
十九日			天氣惡劣未出動
二十日	4	7	偵察濟南外圍匪軍
二十一日	3	6	偵察濟南外圍匪軍
二十二日	8	22	偵察濟南外圍匪軍
二十三日	18	48	偵炸濟南城郊匪軍
二十四日	18	53	偵炸濟南城裡匪軍
二十五日			該日守軍情況不明，全城陷匪，天氣惡劣未出動
二十六日	4	7	偵炸濟南及其附近匪軍
二十七日	5	34	偵炸濟南及其附近匪軍
二十八日	1	2	偵炸濟南及其附近匪軍
二十九日	4	18	偵炸濟南及其附近匪軍
合計	91	249	

2. 自濟南棄守後，我部隊即行部署，準備保衛徐州外圍，空軍第三大隊擔任協同徐州剿總作戰，至十一月三十日徐州撤退後，剿總南下，本大隊七中隊即調駐蚌埠，八中隊與二十八中隊駐京，協同黃兵團與杜兵團作戰。迄三十八年元月十日杜兵團始行突圍，會戰告一段落。是役之初，徐州機場即遭威脅，大隊乃奉命撤離駐地，僅以少數作戰人員隨機留駐徐州，當時八中隊之 F-51 十二架，僅機務長孫家謙（現任五聯隊後勤組長）與覃立銘、韋幹雲、馮裕全等士官（現仍在本部隊工作）擔任維護，每日出動數十架次之多，加油、掛彈、修理、維護無不由此十數人包辦，事雖繁重，然從未因而稍懈，尤以十一月二十七、二十八日戰況急緊時，晝夜工作維持飛機全部妥善，發揮武器裝備之高度效果，空軍之無名英雄誠當之無愧也。是役全體飛行人員猶保持我空軍之傳統精

神，英勇果敢，冒險犯難，其間作戰犧牲者有少尉飛行官林民雲、王成知二員作戰失蹤，中尉作戰參謀林德孫及士官吳崑亦於是役殉職。

四、檢討

1. 匪軍軍事作戰方面

（1）匪為避空軍之重大威脅，慣以晝伏夜出之狡計，且對空掩蔽之伎倆與方法亦因日積月累之血的經驗不斷增強，使我空中偵察時日益困難。

（2）匪軍之基層與小部隊之控制嚴密。

（3）匪軍作戰遇有我空軍基地者，必先威脅我機場，而逼使我友軍與其單獨作戰，猶以天候不佳時，更為其可乘之良機。

2. 我軍優點及缺點

（1）優點

A. 友軍作戰士氣旺盛，如九月二十一日濟南永固門花園莊及外城東北角為匪突入三次，均能奮勇圍殲。二十三日夜半，內城東南角及西南角連續被突缺口三處，均為守軍奮勇堵殲。

B. 我空軍空地勤人員冒險犯難與不辭艱苦之精神，促此各戰役中所執行之任務極少受惡劣天氣與敵猛烈地面砲火所阻擾，而均能圓滿達成。

C. 陸空軍協調密切合作圓滿。

（2）缺點

A. 每次會戰我軍常處被動地位，動而被圍困於一狹窄地區，往往因飛機眾多且機種不同，任務各異，

以致無法澈底發揮我空軍之威力。

B. 大軍行動遲緩，極易使敵人預窺我之行動與企圖而預作埋伏，陷我軍於不利，猶以十一月三十日邱兵團撤離徐州時，數十萬人馬浩浩蕩蕩沿公路向永城方向推進，加之數以千計之輜重車輛夾行其間，原為部隊寶貴之裝備而當時反成行軍之累贅。

C. 我友軍過份依賴空軍及過高估計空中之威力，以致減低陸軍獨立作戰之基本精神，如十二月二（三）日拂曉，本部隊上尉分隊長王松金於偵察我行軍部隊附近之敵情時，發現蕭縣以西公路北側已有匪軍一股正向我軍作攔腰側襲之模樣，而當時我數十萬人馬之行列狀若無事，似仍無戰備之警覺，但此次之側襲乃該兵團被圍之前奏，亦日後該兵團被殲之先兆。

D. 邱兵團離徐時，除部隊人員以外猶有大批軍眷隨行，以致部隊行動遲緩，精神顧慮分散，且於日後被圍時，糧秣供應無形增加。戰鬥既始，四面哭號混擾軍心，打擊士氣，戰史上疆場攜眷而能取勝者實屬不多，尤以當時之態勢，我軍之點線之活動，後無縱深、側無距離，且非攻勢作戰，軍眷隨行實非智舉。據記憶所及，遠在作戰之前政府曾昭示疏散部隊眷屬，集中江南一帶輔導管理，依當時之情況，此項措施固非簡易，但就事論事，該役之失敗與此批婦孺不無關係，更甚者徐州百姓學生隨行者亦非少數，其影響自不待言。

E. 突圍行動遲緩，以致匪軍在外圍利用時間重重作

圍，守株待兔。前段所述匪軍尤於連年作戰之教
訓，對空掩蔽之技倆甚佳，空中發現殊屬困難，如
利用空軍實施廣泛之轟炸，實不能奏效過高。反
觀第二次世界大戰，太平洋上美軍之登陸作戰多
係於登陸前使用大量空軍作摧毀性之攻擊，但登
陸後之頑強抵抗猶屢有遭遇，亦即謂空軍縱將重
要壕溝炸翻擊覆，但欲求完全消滅敵人之抵抗，
事實上不盡可能，故突圍時被圍部隊之決心與精
神，乃係作戰之首要因素。誠如李石林地區突圍
之命令既下，遲遲未見行動，後果已見史載，然雙
堆集胡璉將軍之身先士卒，躬親領導於夜間突圍，
衝殺聲中安渡重圍，就胡將軍本人而言，其勇敢果
決之精神，實足為我若干將領之楷模也。

F. 陸軍未能了解陸空協同之要領與當時所使用之通
信裝備之性能，以致使用頻繁，擾亂整個地區使
用同裝備之空地通信。

3. 經驗與教訓

（1）兵貴神速，亦即高度之機動性，反觀邱兵團援救黃
伯韜，數日不能取大許家，遲遲不能到達碾莊圩，
吾人不能爭取速度即為變相之予敵以時間之優勢。
至於邱兵團之行動，已如上述，而援邱之黃兵團若
能利用水路運京，再沿津浦輕裝北上，其時間之爭取
與體力之消耗或可較旱路北上者為經濟。又大軍作戰
攜帶笨重車輛者，必沿公路行進，有違匪祕企圖之要
旨，既經被圍，帶之不能，棄之可惜，爭取速度反為
高速之科學裝備所牽制，殊屬可惜。

（2）科學進步，武器日新，欲求發揮一種裝備高度之效能，非隨時接收新的知識瞭解並發揮裝備之性能不為功，軍種之聯合作戰尤需要彼此之互相認識與觀念之統一。正如檢討（F）節所述，陸軍電台不能瞭解 V.H.F. 收發報機之性能，以致違犯通信紀律而不自知，有礙指揮影響作戰者尤甚，然當時我軍作戰尚無敵方空中情況之顧慮，因而其有形之影響殊難見及，若大規模之三軍聯合作戰，通信如無一有效之管制系統與程序，實為一不堪樂觀之情況。年來國軍整備訓練，各種業務均有顯著進步，但對通信一項仍嫌不足，諸如大陳撤退之役，我海軍艦上以較徐蚌會戰時期更新之通信裝備 UHF 代替報機使用（已由空總專案轉報國防部，美方亦曾提出不滿意報告），使當時空中掩護之數十架中美飛機均無法通話，雖經多次制止而依然無效，相繼竟達數十分鐘而後罷。此種佔用波段擾亂通信之不道德行為，隨為無意之違犯規定，實則已構成當時極其嚴重之情況，蓋一旦匪空軍出動，我船團遭遇攻擊或空中發生戰鬥時，該海空部隊用以支援與連絡之共用波段根本無法連繫，其後果可以想見。然非僅如此，其更甚者，本（四十六）年元月十一日，海軍演習時使用空中緊急救護波道作指揮通信之用，以致在 UHF 收發報機性能所能及之距離內 1750 個波道完全為之佔用，而使該區域內之空中飛機無一不受擾亂（飛行四萬呎，全島均被搗亂），較之前述二例，更有過之而無不足。此時此舉誠屬遺憾，夫今日之裝備

不斷進步，吾人之知識與觀念亦必須隨之進步，方可
以應付時代之任務，否則影響個人或其所屬部隊之
事小，危害整個作戰之事大，未來反攻作戰中，毫
無疑問大規模之聯合作戰勢所當然。吾人若不能於
先期建樹一良好正確之觀念與系統，則大之勝利中
定有若干不必要之損耗也。

● 李志剛

作戰時級職：空軍第三大隊第二十八中隊
**　　　　　　少校三級中隊長**
撰寫時級職：空軍作戰司令部上校三級副處長

作戰地區：徐州

作戰起訖日期：37 年 11 月至 38 年 1 月

徐蚌會戰經過及心得報告

一、概述

　　空軍第二十八中隊原駐防濟南，於濟南失守後，經青島調徐州，至大隊部歸建，配備 F-51 式戰鬥轟炸機廿五架，嗣因徐州情況突變，機場處於匪砲火射程之內，全數戰鬥轟炸機移蚌埠，後又遷至南京，戰役全期志剛與中隊全體同志均參與作戰。

二、作戰前匪我態勢

　　東北失利，華北局勢逆轉，濟南復告棄守，國軍處境危困，為圖打開逆境並決心長江以北與匪尋求決戰，惟我軍於集中兵力之際即遭處於優勢之匪軍截擊，徐州外圍之戰幕揭開，因我軍於行動之際遭匪突擊措手不及，後因我軍不能適時前往援救，致造成碾莊圩黃伯韜將軍所屬部隊之慘烈犧牲，而黃將軍最後亦壯烈成仁。空軍第一、三、五大隊則全力參加作戰，空軍將士雖忠勇奮戰，因欠缺密切之配合，亦無良好陸空通信與管制系統，亦未能挽回徐蚌戰役之厄運，回憶以往，實應痛加檢討策勵未來。

三、作戰經過

本中隊自移駐徐州後，即經常擔任偵巡工作，機務方面則大事整修，並利用無重大戰役之時期，對人員加以訓練，增強爾後之戰力。

國軍自津浦及隴海鐵路沿線向徐州外圍調動之際，即遭受匪軍之攻擊，是以徐蚌會戰開其端，本中隊即以全力作戰，當時之任務多為直接支援友軍作戰攻擊匪第一線部隊，後我軍節節失利，機場中彈，飛機無法在匪軍砲火射程內擔任大規模戰鬥任務，故立移駐蚌埠，俾再擔任支援友軍作戰之任務。後地面部隊自徐州向長江北岸轉進，與雙堆集地區遭匪包圍，另部支援之地面部隊亦於蚌埠以西地區被匪圍擊，突圍亦告失敗，未能策應雙堆集之友軍而先遭失敗，致陷雙堆集之部隊孤立無援，惟有靠空投補給，亦未能拯救失敗之命運。

四、戰鬥後之狀況

徐蚌會戰失利匪勢猖狂，進而竄渡長江窺犯首都及上海，上海保衛戰失敗後轉進舟山及台灣，而我原抗戰時之西北大軍亦未經重大戰役而敗退，最後終至潰敗，及一些無恥之輩變節投降，致大好河山為之色變，而海南島守軍亦於失利後撤守台灣。

五、檢討

抗戰勝利之初，我百萬精銳雄師，實可一鼓而將匪軍消滅，因受美國調停之限制與拖延，致使匪軍在其主子培植之下而坐大，深信最後終遭敗跡實有其因素在焉，茲舉其大概申述如下：

（一）匪軍之優點

1. 匪攻擊精神之旺盛

匪軍在其交通補給困難，並在我空軍日間猛烈攻擊下，仍能利用夜間及坑道戰術進行慘烈之功及，惟該精神非本於個人之自願，而是始於匪慘酷之控制所致，若匪軍遇有崩潰之跡象時，當必無法持之以恆。

2. 政治與軍事配合得宜

當其力量不足時即高唱和談，當其在某地區軍力處於優勢時，即對國軍採取攻擊行動，以大吃小，並對國軍實施各個擊破。

3. 機動與集中

匪軍利用夜間強行軍隊迅速集中向國軍發動攻勢，使國軍措手不及遭受攻擊，我國軍則反是，調動遲緩，故當國軍佔勢向敵人進行攻擊時，無法捉捕匪主力而殲滅之。

4. 就地補給

當時國軍為點線，而匪軍則為面，匪軍之糧秣均為就地補給，對於機動實有絕對之便利，對爾後反攻大陸作戰參考實施之必要。

（二）國軍之缺點

1. 各自為戰

空地作戰無密切之配合，各自為戰，未能發揮統合之戰力，而友軍亦不能利用空軍之攻擊行擴張戰果，地面部隊各自保存實力，不能互相支援，甚而見死不救，致被匪軍各個擊破。

2. 誇大戰果（所報不確）

對戰果作過高之誇大，或作不確實之報導，致使影響統帥部之判斷與決心，此種現象由來已久，如抗戰時之中原會戰某一大隊之戰果超過日軍出動兵力總和，此種缺點若不急救改正，對國軍而後之作戰仍有不利之影響，並可養成欺騙上級之惡習，其害之大莫此為甚，切望上級指揮官莫以虛報戰果博取最高統帥之歡心，而鼓勵下級作不確實之報導。

3. 重形勢不求實際

與匪作戰只求克復失地，並不講消滅匪野戰軍，甚至為保存實力，而故意放匪軍撤離戰場，每遇克復失地，即向統帥邀功請賞，尤以每在我優勢軍採取攻勢時為然，甚少打過硬戰，從無包圍大部匪軍而殲滅者。

4. 內部腐化，匪諜滲透

高級官長只知享受不知士兵之苦，更無為國犧牲之決心，故與匪以可乘之機，以金錢利誘脅迫以從其計，故有變節投降以求保存其財產與地位者，此貪污腐化之流不殺，何以培養民族正氣。

六、教訓與意見

（一）現代之戰爭為總體戰，單一之軍種無法在國際戰爭取勝，亦無法戰敗險惡之匪軍，陸海空必須有密切之配合方可獲得預期之成果，密切之配合惟應在平時訓練中養成，絕非一蹴即成，三軍應建立融洽之情感，利害生死與共之觀念，精誠合作，以收復大陸消滅朱毛匪軍拯救大陸同胞為戰志，發揮軍種間聯合作戰之威力。

（二）建立攻勢作戰之思想，戰略上以小吃大，戰術上以大吃
　　　小，技術上已精勝劣，主動乃旺盛之攻擊精神，作戰初期
　　　以相對的優勢漸變為絕對的優勢，最後完全殲滅匪軍。

（三）提高國軍士氣：國軍待遇微薄與一般生活相差過遠，士
　　　兵多有求去之心，軍中勢必無法爭取優秀人才，此種問題
　　　不求解決，影響國家前途至鉅。

● 董啟恆

作戰時級職：空軍第三大隊第二十八中隊副中隊長
**　　　　　　空軍第三大隊第二十八中隊中隊長**
撰寫時級職：空軍第五大隊空軍上校三級大隊長

作戰地區：濟南、徐州、蚌埠、南京
作戰起訖日期：37 年至 38 年

　　回溯自民卅年畢業於空軍官校後，立即參加抗戰及戡亂戰鬥序列，迄今十餘載，共出擊四百餘次，目睹共匪當時趁我對日抗戰後民財俱疲之時，以花言巧語煽動人民，離間我軍民與政府間之情感，然後進行侵佔陰謀，由線而點，最後控制全面，奴役人民實行人海戰術，以致我神州失守、大陸變色，實堪痛心。今痛定思痛，茲就當時所經重要戰役就記憶所及之處加以敘述如下。

1. 昌濰會戰

　　民卅七年四月七日至廿七日，共匪包圍昌樂及濰縣，以濰縣作戰為主，當時我軍為陳金城軍長及昌樂、濰縣之張天佐、張景月二縣長所率領之民團，城分南、北二區各由國軍部隊及民團分守。當時共匪兵力強大，然民團皆為當地居民，為保衛國土家園俱能作殊死戰鬥，至城為匪突破時，係由陳軍所守之北城進入，可見民防力量之重要。當時城被匪圍困廿餘日之中，我空軍盡力支援，除余當時服務之空軍三大隊廿八中隊之 F-51 駐於濟南，每日由拂曉至黃昏偵炸匪軍及投通信袋與我守軍外，我空運部隊之 C-46、C-47 日以繼夜投擲糧彈，接濟城內守軍，與匪以極大之重創。然匪軍繼續大量增援，而我軍增援部隊由王耀武負責指

揮，行動遲緩，當濰縣最危急之時，援軍僅進抵益都，濰縣失守，昌樂亦隨之不保，自昌、濰失陷後，濟南孤立，於九月卅日亦為匪圍攻。

2. 濟南保衛戰

自章邱失守，兗州繼之，戰役即改變至濟南邊緣，匪曾叫囂「打下濟南過中秋」，我軍方當時並未予以重視，以為叫囂宣傳係匪之故技，不意中秋凌晨匪果砲轟濟南，未數日而城陷。濟南本有強大之兵力充足之彈藥糧秣，惟王耀武指揮不力，對部下思想考核不確實，竟任用匪黨為作戰處處長，所有軍事機密洩漏無遺，兼之吳化文率部叛變，故濟南局勢一敗塗地，無法收拾。獨我空軍廿八中隊由二軍區司令部參謀長陳有維指揮，在章邱、明水、泰安、兗州、大汶口、樓德鎮等地奮勇偵炸，盡最大努力與以重創，奈地面部隊未能發揮其攻擊力量，以至濟南陷匪，中原又告吃緊，我空軍部隊撤至徐州而後轉進南京。

3. 徐蚌會戰

原駐防徐州之邱清泉、李彌等部隊自徐州撤向永城時，攜帶眷屬及老百姓甚多，而地面部隊又不能掩護轉進之大部隊做有效之攻擊，沿途遭匪攻擊，損失慘重，以致行至雙堆集、陳官莊一帶時即被匪包圍不能行動。雖然我空軍偵炸掩護，以我空軍之主力駐防南京，每日出動 B-24、B-25、P-47 以及 C-46 空投彈藥糧秣等。猶憶當時我等所飛之 P-51 型機戰鬥機攜投汽油彈攻匪陣地，彈力及處，匪輒灼傷殆盡，然匪軍以慘無人道之人海攻勢繼續增援，以致炸不勝炸，而中原失守相繼江北不保，京滬吃緊。

4. 京滬保衛戰

自江陰要塞守軍部分投匪，於四月廿三日晨我率機偵炸江陰要塞北岸時發現匪軍乘船廿餘艘渡江，當時我擊沉匪木船三艘，炸沉一艘，然彼等依然強渡。余返航後將上情報告王副總司令叔銘，公乃決定將作戰飛機撤至上海，當時雖由上海出擊句容、吳興、平望、宣城、十字舖、廣德等地，然大勢已去，我空軍雖盡最大之努力亦無法挽救危機，終陷匪手。我空軍轉駐廣州、海口、舟山等地，及至全部撤守台灣後，余仍不時出擊大陸任務及掩護舟山、大陳撤退等等工作，四十三年九月金廈砲戰時多次率領大編隊機群炸燬匪砲陣地。

檢討

經余所參加之抗日、戡亂各戰役中，查其失敗原因：

1. 指揮運用不靈活，各將領未能澈底貫徹上級命令，服從上級指示，時有自作打算保全實力之現象，不能相互支援，以致被匪各個擊破，例如抗戰時衡陽會戰我軍被圍四十七日，而王耀武在板橋坐視不救；黃伯韜兵團被圍於碾莊，邱清泉雖奉命馳援，終因行動遲緩致使黃兵團被匪消滅，而邱兵團亦自食其果，影響大局遭至大陸淪陷。

2. 我高級將領對匪鬥爭方法認識不澈底，故每次戰役不但未能採取主動先發制人，反而有機為匪可乘，以致失敗。

3. 各階層主官對部屬之思想考核不確實，控制不嚴密，往往為匪所利用而不自覺。

4. 過去政治教育未如現今之重視，一般官兵對國家、領袖、政治之觀念不清，更無氣節可言，臨危不受命，見異思遷，意志不堅，真正能像一江山諸烈士抱定不成功便成仁之英勇決心

者，亦只恐黃伯韜等少數人而已。

　　處今反攻前夕，吾人應根據過去所犯之錯誤及匪一貫之陰謀政策，澈底研討，力求改進，則神州光復指日可期，自不待言矣。

第四大隊

● **蔡名永**
作戰時級職：空軍第四大隊中校大隊長
撰寫時級職：空軍第五聯隊上校聯隊長

作戰地區：濟南徐州間
作戰起訖日期：36年2月

民國三十六年二月吐絲口萊蕪戰役

抗戰勝利後至三十五年底止，剿匪工作先後光復東北各重要城鎮與察綏要地張家口等處，形勢尚稱順利，而自吐絲口萊蕪之役，李仙洲部全軍潰敗後，膠濟、津浦兩鐵路遭匪截斷，南北陸路連絡交通隔絕，遂至中原糜亂，不可收拾，實為我大陸剿匪失敗之肇始。斯時本人任空軍第四大隊大隊長，駐濟南基地，參予此次戰役，茲記當時所見如左。

一、作戰經過

三十六年初，我為兜剿沂蒙山區匪陳毅部，二月初徐州綏區所部向臨沂攻擊，當時令第二綏區派李仙洲率七三軍（缺七七師）、四十六師及十二軍之一部南進策應。二月八日越過蒙陰寨到達新泰地區，當時我北進主力未遇匪抵抗，而收復臨沂後，在未判明匪主力位置以前，停滯未進。當時空軍廣泛偵察莒縣、沂水、諸城（臨沂東北）及泗水、大汶口、曲阜（臨沂西北）等地，均未發現匪蹤，嗣後在蒙陰南北地區發現匪向北移動，判匪

有攻擊李仙洲部之可能，王耀武乃令李部向北轉進吐絲口。二月二十一日，四十六師自蒙陰經顏莊向萊蕪轉進，沿途曾遭匪之狙擊，二十三日李仙洲率全軍自萊蕪向吐絲口轉進。

吐絲口至萊蕪間直線距離約十五公里，有不甚完善之公路相連，公路之東相距數里即為綿亙不斷之山地，向西俯瞰，視線極為廣闊，並佔居高臨下之勢，且山之側面地形起伏便於隱蔽，空中偵察困難，惟公路之西側地勢平坦，僅有零星村落。

是時空軍王副總司令叔銘於二月二十一日率第四大隊主力進駐濟南，並指揮原駐徐州及濟南之空軍第三大隊全部及第一大隊，另第十二中隊之一部，協力作戰。到達後，於二十一日午間偕第二軍區徐司令康良同機赴吐絲口、萊蕪、蒙陰一帶空中偵察，發現匪由萊蕪東南地區分單行多路，冒空軍火力攻擊下，急向萊蕪、吐絲口間東側山區集結。當時空軍將此情況通知李部之對空台，同時簡繪要圖，以通信袋投至萊蕪城內李之指揮部，返航後，王副總司令並將情況面達王耀武，詢其是否仍照原令轉移。王云萊蕪不能固守，時間所限，不能變更計劃。當時王副總司令曾建議轉進恐將遭遇極大困難，可否明言撤至吐絲口，而實際上急向泰安轉進。王云李部兵力相當強大，又必須北上，藉解吐絲口之圍，不宜變更計劃。當晚空軍即決定運用徐、濟兩地兵力作撤退之掩護，並下達各部隊任務為：

（1）偵察萊蕪、吐絲口間之兩側及其外圍匪之動態。

（2）對公路兩側之村落施行攻擊。

（3）視戰況直協李部作戰。

二十二日我軍轉進之前夕，曾由無線電中收得四十六師與李指揮部之通話，李部謂明早即出發向吐絲口撤退，四十六師通話人則云行動來不及，請予延緩……。依以上情形，我之行動匪當

已全部明瞭。翌日晨十時，王副總司令復親臨上空，見我部隊已開始行動，先頭已過萊蕪城北約五公里之小山，但公路上車輛擁塞，部隊完全做暴露之行軍狀態，秩序紊亂。當時王副總司令曾與李仙洲親自通話，請其注意側衛部署，並注意行軍秩序，李答十幾華里之距離，可一衝而過，決無問題，並囑轉致王耀武放心。迨王副總司令降落濟南，約為二十三日正午，李部到達西芹村附近時，即遭右側山地伏匪猛烈攻擊，因其左右兩衛距中間主力僅一、二華里，受攻擊後紛向中間公路退避，一時陷入混亂狀態，卡車與人群互相阻塞，無法展開，而匪一彈可貫穿多人，故傷亡甚眾。嗣後匪眾由公路兩側蜂擁夾擊，空軍當時為顧慮自己部隊之安全，亦不能作有效攻擊，甚至不能分清敵我，乃至在兩小時內全部瓦解，僅有小部分衝過匪之火網到達吐絲口，迨王耀武部再增援追捕時，匪主力已向東北方向逃匿。

二、失敗原因檢討

匪方：

1. 不與我自臨沂北進部隊作主力決戰，放棄臨沂老巢而行面的迴旋，行動迅捷。

2. 匪畫伏夜行，由新泰、顏莊我軍主力兩側地區滲透，越過至我軍中間區域保持密匿。

3. 於有利地形施行伏擊，佔地利優勢。

我方：

1. 未能捕捉匪之主力，臨沂方面大軍行動遲疑，搜索未盡全力，使匪得以伺隙攻襲我孤弱突出之部隊。

2. 通信不保密，暴露企圖。

3. 輕視匪情，不分多路戰備前進，側衛與主力混為一處，

部署錯誤（當時如以有力一部為右衛，沿萊蕪、吐絲口公路搜索推進，而以主力在公路以西分多路攻擊前進，必不致全部潰敗）。

4. 空軍在我北進主力佔領臨沂後，匪於夜間行動之際，僅派機向莒縣、沂水、諸城與泗水、大汶口方向白晝搜索，未能確判匪軍動態，及時捕獲其主力，及嗣後在蒙陰一帶已發現零星匪部有北竄徵候時，未予重視，亦為極大錯誤。

● 徐華江
作戰時級職：空軍第四大隊大隊長
撰寫時級職：空軍七四八一部隊飛行上校一級參謀長

作戰地區：東北及華北

作戰起訖日期：35 年 8 月至 38 年初

東北及華北地區之作戰

一、概述

　　1. 概述

　　　　自三十五年八月匪在東北軍力日益猖獗，期間我軍一度
　　　　節節獲勝，曾打通平瀋路、安瀋路，且我軍部隊直薄德
　　　　惠以北、松花江以南地區，哈爾濱垂手可得，然由於大
　　　　軍不前，隔江牧馬，使整個戰局為之改觀，其因果關係
　　　　想每人均知之甚稔，何庸再述。

　　2. 各部隊之番號

　　　　空軍第四大隊下屬四個中隊，其番號為廿一、廿二、廿
　　　　三、廿四，四個中隊。

　　3. 編制與裝備

　　　（1）空軍各作戰大隊改組——卅五年八月取銷作戰、總務
　　　　　　兩參謀主任，改設大隊附一，並改編為三個中隊，
　　　　　　當時四大隊轄有廿一、廿二、廿三、廿四，四個中
　　　　　　隊，後將廿四隊撤銷。

　　　（2）飛機每中隊為 25 架，屬於野馬式（F-51 型）戰鬥機。

　　4. 員額統計——三十七年六月全大隊人員分類及編制額外

人員統計如附件一。

5. 指揮之部隊——大隊部及兩個中隊駐北平，另一中隊駐防瀋陽，番號為廿一、廿二、廿三，三個中隊，於抗戰期間均屬四大隊者。

6. 先後任人員——大隊長先為蔡名永，後為本人。

二、作戰經過

1. 收復張家口之役——三十五年九月初，我對收復張家口之部署已完成，國軍由平綏線向西推進，位於懷來地區傅逆作義部由綏遠南下夾擊匪軍，軍事行動開始約十日後，傅部將張家口收復，使我等在空中之協助倍感興奮。

2. 冀北地區零星戰鬥——於卅六年間匪不斷在遵化東西地區對我滋擾，我空軍乃以空中威力對之攻擊，然因無法陸空協同，戰果難於保持。

3. 撫順營盤之役——卅六年五、六月及十二月，在東北匪軍及韓共紅光部隊及為猖獗，進窺我瀋東撫順營盤地區南，連本溪均在其滋擾中，我空軍日夜出動，終將匪軍擊退。

4. 出擊佳木斯——於卅六年據各方面情況報導匪在佳木斯、牡丹江等處均有航空學校之成立，乃奉空總命令實施大規模掃蕩至佳木斯、牡丹江及哈爾濱等處，並在佳木斯附近擊落匪機一架。

5. 錦州之役——在是役中，我見習官飛行員一人（趙健）於夜間在敵砲威脅之下，由錦州起飛安降天津機場，地勤人員被圍陷匪，後均先後逃出。

6. 瀋陽撤退——於錦州陷匪後，匪即回兵東進，我部隊大部已遭損失，因之瀋陽告急未久而陷匪。

7. 其他戰鬥有綏包、本溪湖、四平街、大同、集寧、保定、長春被圍、涿縣、滄縣、徐水……等。

五、戰鬥後狀況

　1. 敵我傷亡統計

　　（1）卅六年我方出動 F-51 機 5529 架次，人員傷六員、死五員，飛機損失 24 架，擊落敵機一架，其戰績詳如附件二。

　　（2）卅七年我出動飛機 5445 架次，詳情及戰績統計如附件三、四。

六、檢討

　1. 匪軍軍事作戰方面

　　（1）匪軍戰略戰術戰法戰鬥之特質——匪陸軍多於夜間行軍，對空防禦訓練良好，部隊機動力甚強。

　2. 我軍優點及缺點——請各軍種自行檢討。

　4. 經驗與教訓——詳蘇魯區之作戰。

　5. 改進意見——詳蘇魯區之作戰。

第四大隊人員分類及編制額外人員統計

中華民國卅七年六月

	大隊部		第一課		第二課		第三課		第四課	
	編制	現有	編制	現有	編制	現有	編制	現有	編制	現有
正編制飛行軍官	5	5	3	3	3	3	3	3		
正編制機械官佐	2	1			2	1	2	1	7	7
附編制機械官佐										
額　外機械官佐										
正編制通信官佐							6	3	1	1
附編制通信官佐										
額　外通信官佐										
正編制普通官佐	12	10	4	3	1	1	4	2	2	2
附編制普通官佐										
正編制機械軍士	8	8			2	1			4	4
附編制機械軍士										
額　外機械軍士										
正編制通信軍士	1	0					2	0	1	0
附編制通信軍士										
正編制普通軍士	12	12	3	3	2	2	4	3	1	1
附編制普通軍士										
正編制普通兵	37	37								
附編制普通兵										
額　外普通兵										
正編制機械兵	8	8								
附編制機械兵										
額　外機械兵										
正編制總計	85	81	10	9	10	8	21	12	16	15
附編制總計										
額　外總計										

	政工室		軍醫室		軍需室		汽車修護班		四三電話班	
	編制	現有	編制	現有	編制	現有	編制	現有	編制	現有
正編制飛行軍官										
正編制機械官佐										
附編制機械官佐							2	2		
額　外機械官佐										
正編制通信官佐										
附編制通信官佐									2	1
額　外通信官佐										
正編制普通官佐			6	4	9	9				
附編制普通官佐	7	5								
正編制機械軍士			1	1						
附編制機械軍士							23	18	13	12
額　外機械軍士										
正編制通信軍士										
附編制通信軍士										
正編制普通軍士			6	6	8	8				
附編制普通軍士	1	1					2	2	1	1
正編制普通兵			2	2						
附編制普通兵	1	1							2	2
額　外普通兵										
正編制機械兵										
附編制機械兵							25	15	6	4
額　外機械兵										
正編制總計			15	13	17	17				
附編制總計	9	7					52	37	24	20
額　外總計										

	八十電台		八一電台		第二十一中隊		第二十二中隊		第二十三中隊	
	編制	現有	編制	現有	編制	現有	編制	現有	編制	現有
正編制飛行軍官					43	26	43	28	43	25
正編制機械官佐					10	6	10	6	10	4
附編制機械官佐										
額　外機械官佐						4		5		3
正編制通信官佐					4	1	4	2	4	1
附編制通信官佐	8	6	3	3						
額　外通信官佐								2		
正編制普通官佐					10	9	10	9	10	9
附編制普通官佐	1	1								
正編制機械軍士					145	114	145	118	145	119
附編制機械軍士			7	6						
額　外機械軍士										1
正編制通信軍士					12	9	12	9	12	5
附編制通信軍士	12	5								
正編制普通軍士					26	26	26	24	26	26
附編制普通軍士	1	1	2	2						
正編制普通兵					29	29	29	28	29	28
附編制普通兵	5	5	3	3						
額　外普通兵										
正編制機械兵										
附編制機械兵	5	1	4	0	32	32	32	32	32	32
額　外機械兵								4		
正編制總計					311	252	311	256	311	249
附編制總計	32	19	19	14						
額　外總計						4		11		4

	第四大隊合計		
	編制	現有	空缺
正編制飛行軍官	143	93	50
正編制機械官佐	43	26	
附編制機械官佐	2	2	17
額　外機械官佐	0	12	
正編制通信官佐	19	8	
附編制通信官佐	13	10	14
額　外通信官佐	0	2	
正編制普通官佐	69	58	12
附編制普通官佐	8	6	
正編制機械軍士	450	365	
附編制機械軍士	43	36	32
額　外機械軍士	0	1	
正編制通信軍士	40	23	24
附編制通信軍士	12	5	
正編制普通軍士	114	111	3
附編制普通軍士	7	7	
正編制普通兵	126	124	
附編制普通兵	11	11	2
額　外普通兵	0	0	
正編制機械兵	8	8	
附編制機械兵	136	116	20
額　外機械兵	0	4	
正編制總計	1,107	912	
附編制總計	136	97	174
額　外總計	0	19	

空軍第四大隊卅六年戰績統計表

一九四八年五月

使用機種：P-51　作戰架次數：5529

空中擊落敵機	1	斃匪軍	238,529	毀車	14,118
毀卡車	1,226	毀村莊房舍	2,916	毀工事陣地	396
毀堡壘	46	毀砲	21	毀車站	3
毀車頭	4	毀車皮	101	毀木船	497
毀汽船	4	斃類	18,401	斃騎兵	6,190
毀手推車	37	毀物資堆	11	毀坦克	1
毀起重機	3	毀觀察所	1	毀倉庫	32
毀棚廠	2	毀油庫	2	毀營房	4
毀橋	3				

空軍第四大隊卅七年度作戰次數及時間統計表

總計：2,838 批／5,445 架／11,248:00 小時

	元月			二月		
	北平	東北	合計	北平	東北	合計
出動次數	102 批 202 架	171 批 302 架	273 批 504 架	23 批 44 架	180 批 358 架	203 批 402 架
作戰飛行時間	414:30	485:40	900:10	85:35	548:45	634:20

	三月			四月			
	北平	東北	合計	北平	東北	歸綏	合計
出動次數	66 批 132 架	96 批 194 架	162 批 326 架	98 批 195 架	44 批 88 架	30 批 42 架	172 批 325 架
作戰飛行時間	307:40	397:45	705:25	454:30	183:00	67:40	705:10

	五月			六月		
	北平	東北	合計	北平	東北	合計
出動次數	132 批 291 架	75 批 141 架	207 批 432 架	186 批 386 架	100 批 179 架	286 批 565 架
作戰飛行時間	695:35	248:05	943:40	842:45	375:35	1,218:20

	七月			八月		
	北平	東北	合計	北平	東北	合計
出動次數	160 批 285 架	95 批 175 架	255 批 460 架	121 批 223 架	50 批 83 架	171 批 306 架
作戰飛行時間	360:00	318:50	678:50	477:35	152:25	630:00

	九月			十月		
	北平	東北	合計	北平	東北	合計
出動次數	147 批 258 架	135 批 202 架	282 批 460 架	208 批 405 架	261 批 511 架	496 批 916 架
作戰飛行時間	634:15	325:40	959:44	1,082:30	1,064:40	2,147:10

	十一月	十二月			
	北平	北平（南苑）	青島	北平（天壇）	合計
出動次數	223 批 438 架	96 批 232 架	25 批 57 架	14 批 22 架	135 批 311 架
作戰飛行時間	1,116:00	425:40	135:50	43:50	605:00

空軍第四大隊卅七年度戰績統計表

	元月		二月		三月	
	北平	東北	北平	東北	北平	東北
斃匪	5,430	14,340	227	13,016	1,277	2,302
斃馬	439	234	10	280		559
馬車	300	270	63	537	2	153
卡車		9		18		19
火車頭		19		11		71
房舍	6	55		172	20	29
工事	6			4		
陣地		23		7		11
車廂		1		8		16
吉普車	1	4				
物資						
橋梁					2	1
艦船						2
砲						
倉庫						
村莊						

	四月		五月		六月	
	北平	歸綏	北平	東北	北平	東北
斃匪	11,646	277	7,861	1,885	8,804	1,168
斃馬	761	255	176	37	515	633
馬車	235		206	67	498	32
卡車	6	16	8	19	37	113
火車頭		44		25		13
房舍	84	4	148	26	83	26
工事	13					
陣地	5		48		32	
車廂		2		4		4
吉普車						
物資					2	
橋梁	2			1		1
艦船				15	2	
砲		1				
倉庫						
村莊						

	七月		八月		九月	
	北平	東北	北平	東北	北平	東北
斃匪	5,521	694	5,352	186	7,405	5,815
斃馬	420	351	544	209	840	530
馬車	363	42	314	23	492	550
卡車	13	18	5	30	18	197
火車頭		66	1	48		65
房舍	142	29	77	18	177	71
工事			3		30	6
陣地	6	2				6
車廂		47		47		41
吉普車			1	1		2
物資		1	12	6		6
橋梁	2			2	2	
艦船	2	3	15		4	3
砲						17
倉庫		12		2	5	1
村莊						1

	十月		十一月	十二月	全年總計
	北平	東北	北平	北平（南苑、青島、天壇）	
斃匪	8,780	16,815	9,150	29,118	157,069
斃馬	571	530	658	736	9,288
馬車	213	127	170	268	4,925
卡車	140	49	56	188	959
火車頭	2	77	9	13	464
房舍	126	145	116	90	1,644
工事		22	61	19	164
陣地	73	12		20	245
車廂	3	80			253
吉普車		4	7	6	26
物資			2		29
橋梁	2		5	2	22
艦船	3		2		51
砲		5		14	37
倉庫					20
村莊					1

● 張光蘊

作戰時級職：空軍第四大隊中校大隊長
撰寫時級職：空軍總司令部作戰署上校一級副署長

作戰地區：舟山

作戰起訖日期：38 年 7 月 14 日至 39 年 5 月 16 日

舟山戰役

一、概述

　　空軍第四大隊成立於民國二十五年十月十六日，先為驅逐大隊，後改為戰鬥轟炸大隊，當時使用飛機為美國製造之 P-51 型機，下轄第二十一、二十二、二十三，參個中隊，編制官士兵 1161 員，於三十八年十二月實有官士兵 964 員，佔總額 81.3%，實有飛機 40 架，佔總額 53%。

　　光蘊於民國三十八年五月十六日接掌大隊長職務，迄三十九年七月離職，隊部駐於嘉義，為適應戰況需要，曾奉命至衡陽、海南島、舟山等處擔任戡亂作戰任務。

二、敵我態勢

　　三十八年匪軍得逞，我軍撤離上海轉至舟山，匪軍亦漸漸將兵力轉至舟山外圍，並擴建海空軍。至三十九年匪軍在舟山當面有匪第三野戰軍主力十四個軍及一個特種總隊，約有三十七萬人，艦艇四十餘艘，空軍約有一百七十餘架駐於徐州、南京、上海一帶。

　　國軍在舟山有五個軍、三個師及陸戰隊、裝甲兵等約十二萬

五千人，軍艦二十七艘，空軍在舟山地區之兵力則依情況機動派遣，轟炸機多以台灣為基地，對匪施行攻擊任務。

三、我軍作戰指導

匪於三十八年四月渡江倖過，江浙荼炭，本大隊於七月十一日奉命於十四日派機十二架進駐於定海前進基地，執行摧毀匪運輸線及工業設施並封鎖大陸東南沿海各港灣之任務。至三十九年三月二十日京滬一帶連續發現匪機，作戰任務乃轉為空中警戒及搜索巡邏，並協助海軍封鎖大陸港口，四月復在滬市發現匪噴射機，自是時起任務更形艱鉅，五月份我最高當局為集中全力防衛台澎，乃決定主動撤離舟山。

四、作戰經過

亙作戰全期，本大隊除經常監視匪軍動態外，並曾對匪據蚌埠以南迄金華以北之鐵路線、橋梁、隧道、車站、機車等加以不斷之攻擊，使匪軍運輸常遭阻礙。

在安慶與上海間連續搜索及攻擊匪海軍艦艇及叛艦，使匪艦不能在長江及其以南停留與活動，並對上海造船廠及其以南沿海港灣船隻轟擊，以減少匪軍在水上活動之能力。

轟炸舟山周圍之匪砲陣地及協助我陸海軍作戰以消除匪軍對舟山之威脅。

轟炸京滬杭匪空軍基地以阻滯匪空軍之進駐，及掩護舟山國軍撤退。

五、戰鬥後狀況

戰鬥全期本大隊共損失 P-51 機四架，飛行人員亡三員、傷

一員，於三十九年五月十六日調至嘉義開始整訓。

六、檢討

（一）在舟山作戰初期因匪軍尚無空軍活動，所以我空軍之作戰在對空面毫無顧慮，對匪陸上及海上目標攻擊之技巧，日有進步，且攻擊精神極為旺盛。

（二）我空軍在舟山戰役以前，均為大陸空軍作戰思想，對海島作戰經驗極少，海上飛行及海上救護技術更缺少訓練，經過舟山作戰後，空軍在海洋飛行及海島作戰上得了極多寶貴的經驗。

（三）在舟山作戰期間，因為作戰之性質與大陸上作戰不同，需要三軍協同之處大大增加，因此增加了相互間之瞭解與聯繫。

以上三點可說是舟山作戰給予國軍的益處。以下謹就個人所見之缺點條陳如後：

（一）海島防禦必須以攻勢防禦之思想行之，期使敵人處處設防，並使其不能如意集結兵力，對我行優勢之攻擊，我在舟山作戰期間，因沒有足夠的船舶以支持攻勢作戰，所以匪軍也就無須勞師以作防我之準備，並可如意集用兵力於所要之重點以攻擊我方島嶼，在此匪逸我勞之情況下，顯然處於不利之態勢，如今我防衛金馬宜多配船舶，形成攻勢之威脅，於匪軍以精神上重壓，則於我之防禦大為有利。

（二）空軍在海島作戰中，氣象、助航設施及海空救護等業務極為重要，在舟山作戰期間，因為設備較差，未能達到

最低限之要求。

（三）舟山作戰期間，空軍攻擊目標之選擇是普遍性的，沒有顯著的作重點運用，顯然空軍已然成了遲滯匪軍集結與準備大舉攻擊的時間，可是並無重大與顯著的戰果，當時如能集中對匪船艦攻擊，使匪軍喪失渡海之能力，可能更有效阻滯匪對我之威脅。

（四）因為匪無空軍，所以在作戰中無論我陸海空軍都無對匪空軍作戰的警覺性，防空觀念淡薄，這是我三軍日後作戰切實應該研討的問題。

（五）匪空軍巡駐上海後，我空軍曾屢次與匪機遭遇，可是大家都犯了輕敵的錯誤，以致失去了獲致優良戰果的大好機會，這是在事前沒有詳細研究與週詳準備的錯誤。

（六）在舟山主動撤退時，沒有考慮到當時撤退之情況，對飲食之準備不夠週到，以致當時作戰人員飲食供應不濟，影響作戰情緒極大。

● **王延齡**
作戰時級職：空軍第四大隊少校副大隊長
撰寫時級職：空軍總司令部作戰署上校一級組長

作戰地區：東北

作戰起迄日期：37 年 9 月 29 日至 10 月 30 日

東北戡亂作經過及心得報告

一、前言

　　在戡亂期間，余初任職空軍第四大隊作戰課課長，後任該大隊副大隊長。因大隊駐防北平，其中一個中隊駐防瀋陽，余則隨作戰需要，輪駐兩地，因之東北各次大小戰役，多曾參加。惟因當時多以地面指揮為主，非必要時，甚少有親赴戰場上空參戰作戰之機會。且前期與中期各次戰役，就結果言，國軍無論攻擊或轉進，均尚順利，並無特殊之處，故記憶已極淡漠，謹僅將後期諸戰役，如錦州戰役、黑山戰役、瀋陽戰役，親歷所得而能記憶者，分陳如後。

二、作戰經過概況

（一）錦州戰役

　　　本次戰役第一次參加係在卅七年九月廿九日，該時我軍尚在義縣一帶與匪作戰，十月九日見我軍已退至七里河、許家屯一帶堅守堡壘中，其後每日均曾參戰。十月十四日見我西方增援部隊已進至營盤、高橋一帶，十月十五日下午二時餘，飛臨戰場時，匪軍已進入錦州南門。葫蘆島港外

之我軍艦不斷呼叫，詢問地面情況，地面電台除要求支援指示炸射目標外，更不斷傳播地面苦戰情形。

（二）黑山戰役

卅七年十月廿三日下午一時廿分，率機一架協助我軍攻擊黑山及白土廠門，見我軍先頭左翼已進近黑山百餘公尺處，但大隊仍在萬家窩鋪一帶，沿鐵路陸續前進中。廿五日下午一時卅五分，率機偵察黑山以北情況，發現匪由新立屯方向南增援，乃在白土牆門北鳴槍示警，俾便在該一帶我軍有所準備。廿七日上午十時五分，奉命單機偵察失卻連絡我軍之位置，在黑山南約五十公里處及東南約七十公里處，發現兩批服色雜亂之人群，各約兩三百人，密集向東南竄進，因其後遺有車輛、行李多處，判斷當係我軍，但無任何表示符號。

（三）瀋陽戰役

自攻擊黑山之我軍失卻連絡後，多批匪軍即由西北各方向瀋陽進犯，瀋陽外圍我軍已紛紛向瀋陽撤後，十月廿九日瀋陽外圍已敵我不分，因匪軍已換用國軍服裝，各批飛機均因無法判明敵我，無法將機槍、炸彈作有效之使用。十月卅日上午十一時半，奉命率隊撤北平時，匪軍已攻近北陵機場邊沿。

三、作戰檢討與心得

在以上各次戰役中，空軍兵力之使用，確已達到最高的飽和點，就駐防瀋陽之第四大隊而言，每天每人最少出動一次，最多有達三次以上者，但仍不能達到最高支援作戰之效果，我認為未實施聯合作戰訓練，實為最大之原因，謹更就陸空聯合作戰之技

術問題，提供愚見數則如後：

（一）地面電台指示攻擊目標時，絕對避免以本身位置為依據，應使用地標，更應使用預訂之方格座標，以免飛行人員找尋電台浪費時間，更免暴露電台位置。

（二）我軍位置之辨證方法，必須事先詳細予以規定，並確時按照實施，以免飛機在上空浪費識別時間，更免暴露我軍之企圖。

（三）轟炸線過去從未使用，將來建議必須使用。

（四）陸空連絡電台，除作戰管制外，應嚴格限制作其他用途。

● 舒鶴年
作戰時級職：空軍第四大隊第二課飛行少校課長
撰寫時級職：空軍第四聯隊第四大隊飛行上校大隊長

作戰地區：舟山群島

作戰起訖日期：38 年 7 月 14 日至 9 月 29 日

舟山戰役

一、概述

1. 舟山兵要地誌

（一）位置

舟山群島位於 121°10′E 至 122°57′E、29°21′N 至 30°54′N
之間，散列浙江鎮海外海，北起大戢島南迄大橫島，
相距 120 餘公里，西接玉盤山，東連外龜山，綿長 150
餘公里，島嶼羅列，大小凡 340 餘島，最大者為舟山
島，面積達 523.72 方公里，最小者不及 1/4 方公里，
總其名曰舟山群島，為我國島數最多之群島。

（二）地勢地質

群島沿岸岩壁多削露，港灣良好，如定海港，航道水深
適於避風拋錨，其他如大衢山、岱山、秀山、長塗山
等均有碇泊良港，且島嶼互為掩蔽，連成海上屏障，較
大島嶼河道交錯，但均屬細流，無水利可言，惟水質
多澄清適於飲用。

（三）氣象

因受海洋性氣候影響，全年寒暑適宜，惟早晚溫度頗

有相差，雨量較內地為多，每年平均溫度為 32℃78，最低為零下 5℃，群島間潮流甚強，其流速大者每小時達七、八浬，小船航行頗感困難，每年三至七月海上常有霧發生，增加航行之危險。

2. 敵情

（一）陸軍

舟山當面為匪第三野戰軍陳毅部主力，共十四個軍，一個特種縱隊，計三七五○○○人，其部署如下：

（1）穿山半島：計 21A、23A、24A、25A、26A、27A 六個軍，另配屬特種縱隊一部及砲兵 8R、11R、16R、17R 四個團。

（2）京滬杭三角地帶：計 20A、30A、33A、37A 四個軍，另配屬特種縱隊主力。

（3）浙贛鐵路杭州至上饒間：34A、36A 二個軍。

（二）海軍

長江下游匪海防艦艇共四十四艘，計可能使用者為永績、威海、興安、元培及美復等五艦及登陸艇 38 艘。

（三）空軍

（1）第一線飛機計一七七架，其區分判斷如左

徐州　重轟炸機 30 架，驅逐機 20 架。

南京　輕轟炸機 15 架，驅逐機 35 架。

上海　戰鬥機偵察機七十七架（其中有噴射機十一架已為我空軍總部證實）

（2）空軍基地似有以徐州為主基地，以南京、上海、杭州、衢州為前進基地。

3. 我軍情況

（一）陸軍

舟山群島我守備部隊為 19A、52A、67A、75A、87A、45D、71D、92D 計五個軍三個師，又部分海軍陸戰隊、裝甲兵、砲兵部隊，計 125000 人。

（二）海軍

第二船隊主力計	DE X 3　PM X 2　PG X 2　七艘
第一巡防艦隊	PG X 15
嵊泗巡防處	PG X 2
岱長巡防處	PG X 3

（三）空軍

舟山地區我空軍數量依情況時有增減。

二、本部隊組織

1. 空軍第四大隊下轄廿一、廿二、廿三，三個中隊，設一、二、三、四課，分掌人事、情報、作戰、後勤等業務，另設監察室、通信室、醫務室，編制戰鬥轟炸機 75 架。
2. 空軍第四大隊卅七年十一月份以前原駐防於北平南苑基地，後因戰況逆轉直下，遂於十一月起經青島、上海輾轉撤退來台，以嘉義為主基地，擔任防空及支援友軍作戰任務。

三、戰鬥經過

1. 自剿匪軍事逆轉，大陸先後變色，本部隊奉命轉進台灣，以嘉義為基地擔任作戰任務。
2. 三十八年七月十四日奉總部電令派遣部分兵力進駐定海基地，於九月二九日返防。

（一）使用兵力 F51 X 12，飛行員 20 員，另配屬必要之地勤人員。

（二）派遣序列：按二十一、二十二、二十三中隊序列輪流派遣前往，每中隊以一個月為限。

（三）任務：協助友軍防衛舟山群島，摧毀匪運輸線及京滬杭一帶匪工業設施，並封鎖大陸沿海海港。

（四）本期間共出動 F51 機 412 架次。

（五）戰果

沉軍艦兩艘

沉登陸艇五艘

沉汽船四十五艘

沉木船帆船 1236 艘

其餘戰果甚豐

（六）人員無傷亡。

3. 卅九年三月一日本部隊再度奉派 F51 X 12 進駐定海接替原空軍第三大隊作戰勤務，四月份由於情況需要，再增派 F51 X 6 以充實舟山方面空軍實力。

（一）任務性質則側重於舟山防衛、空中警戒以及滬杭上空之搜索巡邏，海上交通之封鎖由海軍擔任，本部隊協助封鎖之。

（二）迄卅九年五月十六日，由於戰略需要，舟山主動撤退，本部隊飛機、人員遂全部飛返嘉義。

（三）任務全期計出動 389 架次。

（四）人員傷亡如附件〔缺〕。

四、檢討

1. 本部隊進駐舟山，主要任務為封鎖大陸沿海港口以窒息匪工業設施，該項措施收效甚宏。

2. 四月二十二日少校李長泰率少校王寶翔執行偵炸乍浦匪船任務，於金山衛上空遭遇匪機奇襲，造成一死一傷，由於我空軍於剿匪戰爭中從未遭遇空軍情況，致對空中顧慮疏忽。

3. 同仇敵愾，各飛行員攻擊精神旺盛。

● 趙襄國

作戰時級職：空軍第四大隊第二十二中隊上尉中隊長
撰寫時級職：空軍總司令部人事署任免組上校組長

作戰地區：包頭、張家口
作戰起訖日期：34 年 10 月至 35 年 11 月

張家口戰役

一、概述

　　抗戰勝利後，共匪即以其坐大兵力，普遍燃起叛變之火，國家經八年戰亂，元氣未復，掣肘甚多，軍事、政治、經濟、民力亦未能作適切之配合，致難收清剿之功，叛軍且日見壯大，終至竊據大陸，革命事業幾至中斷。吾人痛定思痛，實應切實檢討，獲取教訓，以期有助於反攻復國大業。

　　戡亂各役，本人服行任務甚多，作戰地區也至為廣泛，惟多係對地面部隊之零星支援，大規模者則有「濟南」、「石家莊」、「張家口」諸役。惜於北平撤守時，適在空中擔任任務，致作戰紀錄全失。僅就記憶所及，將張家口之役略為陳述。

　　本人所屬之志航大隊，原編制為四個中隊，共有飛機五十架。及赴印接換新機（F51）後，大隊由四個中隊改編為三個中隊，共有飛機七十五架。時本人任第二十二中隊中隊長。三十四年秋，大隊奉命進駐北平，隸屬第二軍區指揮。另有第八大隊之 B-24 十餘架暨第一大隊之 B-25 約十架進駐。

二、作戰前之狀況

　　三十四年十二月匪軍對包頭已完成包圍形勢，惟空軍早期所奉之命令僅作偵察，不得攻擊，致匪軍之行軍佈署，極為明目張膽。及後為解除守軍所受之壓力，空軍乃奉命攻擊。每日冒惡劣之天候，出動三十餘架次，加之第十二戰區傅作義部之協同得宜，乘其不備予匪以全力攻擊，綏包之圍得以解除。十二戰區部隊並以戰勝之餘威，東向集寧擴展戰果。空軍則協助攻擊匪之行軍部隊及補給線，致匪之戰力乃完全瓦解，十二戰區部隊迅速攻下集寧，得與大同守軍呵成一氣，互為呼應。

三、作戰指導原則

　　當時之作戰指導原則為陸空協同攻擊張家口及萬全，空軍全力協助地面部隊為其掃除正面之障礙，並隨時提示匪軍之部署。

四、作戰經過

　　攻打張家口之前一月左右，空軍奉令協助第十一戰區部隊攻擊懷來方面之敵，惜地面部隊不瞭解空軍性能，不能配合空軍之攻擊擴張戰果，致雙方膠著於懷來與蔚縣間之火燒營，相持月餘毫無進展。幸賴第十二戰區部隊，以神速之行軍，由大同迂迴至張北外圍，我機發現時當即協助其攻擊，當晚拿下張北，翌日空軍繼以三分之二兵力協助其向南推進，直抵狼壕塹天險。

　　狼壕塹之戰線，係以一公路為主，兩旁為高山，形勢本已險要，加之昔年日人為防俄帝攻擊，曾於其地構築堅固工事，匪軍遂得據險頑抗。經我空軍之輪番攻擊，並攜帶傘彈、地雷彈及延期炸彈低空擲入匪工事內，再予以猛烈掃射，匪軍乃紛紛向工事外逃竄，我地面部隊遂乘勝追擊，經一個上午之追擊，狼壕塹之

堡壘盡我軍〔後缺〕

● **舒鶴年**

作戰時級職：空軍第四大隊第二十二中隊
**　　　　　飛行上尉副中隊長**
撰寫時級職：空軍第四聯隊第四大隊飛行上校大隊長

作戰地區：石家莊

作戰起訖日期：35 年 3 月至 5 月

石家莊戰役

一、概述

　1. 組織

　　（一）空軍第四大隊下轄二十一、二十二、二十三，三個中
　　　　　隊，另設一、二、三、四課及醫務室、通信室、督察
　　　　　室、書記室、電話班、VHF 電台等單位，分掌人事、
　　　　　情報、作戰、後勤以及行政業務。

　　（二）編制配屬 F51 戰鬥轟炸機七十五架。

　　（三）空軍第四大隊直屬空軍總部，受駐地軍區司令部指揮，
　　　　　遂行綏靖任務。

　2. 駐地

　　（一）卅四年抗戰勝利，本部隊奉總部命令分別由重慶白市
　　　　　驛、湖北恩施兩基地進駐北平，使用南苑基地。

　　（二）卅五年因戰況需要奉命派遣一個中隊進駐瀋陽，使用北
　　　　　陵基地，受命第一軍區司令部指揮，遂行剿匪任務。

3. 石家莊戰役前匪軍動態

（一）三月十一日匪北嶽第三軍區屬平山縣城北、水躍村、
　　川紡村、五安村一帶竄到匪軍約三萬餘人。

（二）經判斷為賀龍部，輕重武器齊全，擔架千餘，企圖破
　　壞正太鐵路竄石家莊。

（三）匪劉伯誠部經高唐向北進擾，濟陽以東地區匪軍積極
　　徵集木材架設浮橋，企圖北竄。

4. 本部隊為支援石家莊地區地面友軍作戰，奉第二軍區司令部
命令派遣 F51 機七架進駐石家莊機場，其部署如下：

李叔元　　　　陳燊齡

舒鶴年　　　　李志遠

陳成林　　　　陳畫世

王良榘

另隨駐之飛行員為瞿勃、鐘蘭蓀，第二課參謀顏鼎元，機務
員士 16 名。

二、戰鬥經過

1. 空軍第四大隊二十二中隊副隊長舒鶴年率 F51 機七架，飛行
員十員，地勤員士 16 員於三月十日進駐石家莊機場，五月
上旬全部返北平基地。

2. 任務：直接偕同石家莊地區我地面部隊作戰，並搜索偵察匪
軍動態。

3. 戰役全期本部隊共出動 F51 機 245 架次。

4. 戰果如下：

斃匪 2870 名

斃馬 216 頭

毀卡車 29 輛

毀砲車 1 輛

毀馬車 302 輛

毀房屋 59 棟

毀陣地 14 處

沉木船 13 艘

● 汪永昌

作戰時級職：空軍第四大隊第二十二中隊上尉副中隊長
撰寫時級職：空軍第十一大隊上校大隊長

作戰地區：河北省北平市

作戰起訖日期：37 年 11 月至 38 年 1 月

北平圍城戰役

在民國三十七年冬傅逆作義負責華北防務，當時因東北相繼陷匪，匪軍傾巢入關壓迫北平，其時張家口告急，傅作義以親信主力安春山部暫三軍及騎四師，用汽車輸送馳援，待剛至張家口，北平又告急再回師北平。匪是預先作好騙局，在回平途中，暫三軍主力至平綏路新保安、懷來一帶時，被匪軍十餘萬人包圍，進退不得，補給發生問題，在懷來一帶之暫三軍乘汽車向南部山區突圍，因道路崎嶇車不能行，仍自行散失於山區中，逃回至北平僅數百人而已。在新保安之部隊，被匪包圍三日，雖經我空軍不斷支援並空投補給仍無法突圍，終被匪俘，此役乃直接影響北平之陷匪。

檢討

一、當時張家口告急時，我空軍已從北平撤至青島，次日奉命派 P-51 四架赴張家口支援作戰，由中隊附周世鈞率領，起飛半小時後因領隊機故障返航降落換機時，知張家口已陷匪，那次差一點四架飛機被俘，因為青島起飛至張家口就知該地陷匪，已無油量返降基地，可見當時指揮機構對用兵之安全

毫未考慮，只求對上交代，不管部下之遭遇，確屬危險。

二、北平之失傅逆應負全責，當時匪故弄騙局，誘使傅逆主力出援張家口，在平綏路沿線佈置陷阱。匪知傅靠張垣起家，該地告急決會馳援，此仍傅逆不識大體，欲顧私人地盤，致主力被匪消滅，其他所餘部隊十三軍及九十二軍皆係中央部隊，非能隨心所欲，知大勢已去，故有所謂局部和平變相投降禍事發生。

三、當時傅逆能顧全大局，以國家前途為重，以此數十萬大軍保持平津走廊，就實不得已，退守天津塘沽之線，可以從容循海道撤離華北，將此精銳之部隊轉用於長江以南之防務，當時之局面絕可改觀，最低使政府不會如此倉促離開大陸。

四、在北平被圍，我空軍正由現空軍總部胡諮議國賓任軍區司令，當時北平外圍部隊均奉命向北平城區週圍集中，我空軍仍在南苑機場待命，司令及飛行人員均在機場作戰室住宿，日以繼夜支援保衛北平之戰。余當時為空軍第四大隊廿二中隊副中隊長，該日清晨奉司令命單機偵察匪動態，在香河縣城外發現大批匪行軍部隊，余即循匪行軍路線飛行，匪直向我基地南苑機場而來，先頭已至機場南端十華里之馬駒橋，余隨即降落報告司令，詢問長官部情況，據答稱匪尚在香河、三河一帶並未移動，其實負責香河以西馬駒橋之線九十三軍部隊已自動撤退至南苑機場以北大紅門之線，故匪軍動態我長官部毫不知悉。我胡司令當晚即決定，將所有作戰飛機於日沒以前暫撤至青島，自己天黑後才起飛回青島，在次日傅逆即電中央謂我空軍自行撤離，以致胡司令清晨又奉命乘機回南苑，另派 P-51 四架隨伴落地保護，在降落不久停機線即遭匪砲擊，我機仍又起飛回青島，胡司令被責過

早撤離而被撤職，據余所知此事胡司令最為冤也，不但無功反而受過，真事憾事。當時該晚胡司令不下令空軍撤離，則我等空軍幹部及飛機廿餘架均有絕大可能被俘，因夜間無法起飛，匪大部隊距機場僅十華里，最慢行軍一小時可達，而且機場南部無人防守，就匪將我等俘去，長官部亦不知也。胡司令為顧大局，當時被免職而未加任何申辨，確為部屬所敬佩，以上經過除余知之甚詳，其他甚少人知，故有此機會申述，似尚有其價值。

● 毋繩武
作戰時級職：空軍第四大隊第二十二中隊上尉中隊附
撰寫時級職：空軍作戰司令部中校指揮管制官

作戰地區：察哈爾省張家口

作戰起訖日期：35 年 9 月

張家口戰役

（一）戰區態勢圖

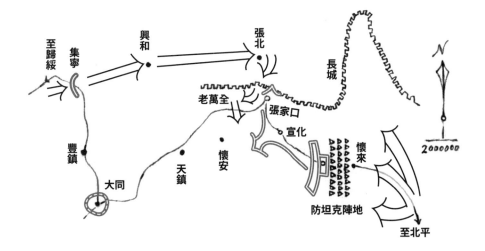

（二）進剿部隊及匪軍

　　張家口為華北聶榮臻匪部盤踞之老巢，民卅五年九月我華
北剿總孫連仲將軍連合歸綏步騎兵團在我一、四、八，三
個空軍大隊支援下，協力大舉進剿。

（三）部署

　　一、匪軍於我進剿之先期即已圍困大同，繼於我進剿直前匪野戰軍復集結於集寧，預以阻擊我東進歸綏兵團，並以傾巢之眾憑藉坦克及蜂窩地扼守懷來、康莊之線，僅以小股匪部隊據守張家口北而止桃花坪長城天險。

　　二、我孫將軍主攻部隊於進剿之初即被阻滯懷來、康莊一帶，歸綏兵團於集寧遭匪圍困，竟而戰訊終斷三日之久，由於天候不佳，空軍礙莫能助。

（四）作戰經過

　　歸綏兵團經三日的圍戰，得騎兵反包圍之助，匪軍傷亡參半，潰不成軍，大同之匪聞風遠颺。在空軍直協作戰下的歸綏兵團，三數日即攻佔之張北，其外圍匪騎砲兵約一營之眾的阻擾部隊，全部為我空軍所擊滅。次晨已攻抵長城要隘之桃花坪，憑險扼守陣地之匪軍，經我空軍持續的攻擊掃蕩下，以最大的殺傷迫使其放棄了陣地逃跑，歸綏兵團僅以卅餘傷亡代價過關，大軍指向老萬全，佰姓開城出迎廿里。同時，我孫將軍主攻部隊除以坦克攻擊匪之陣地並南北擴大戰線，右行仰攻左行迂迴東迫之，空軍除直協作戰，並以 B-24 重轟炸機轟擊張家口外圍之匪陣地，致匪軍左、右、上三面遭受到致命的痛殲，殘部不待整備，星夜經由懷安向南逃竄，張家口旋告收復。

（五）檢討

　　一、張家口能以順利而迅速地收復，前期乃由於匪防我攻，戰局操之在我。中期亦由於我冬攻部隊迫使匪軍主力無暇側視，致我歸綏兵團即無後顧之慮，又無

前顧之憂。後期則得力於偵騎軍情：「張家口守軍告急之：支持不住敵人壓力，聶匪令：無論如何要支持到明天。」至此我軍已操知己知彼的勝算，也就是民四十二年軍事會議上總統召示我們的「情報第一，通信最急」，張家口之收復，當可顯示出情報的重要性。

二、張家口雖失收復，惜者未能一舉捕滅匪軍主力，竟為之兔脫流竄山、陝，致使華北及華中紅患無窮，此皆由於未能跟著戰局的發展及時行動之所致，當大同解圍之初，如能以一支有力的部隊自太原北上掃蕩天鎮，待機而行，於張家口戰事急轉直下之時，實施三面圍殲，則相繼的石家莊的陷落，運城及太原的保衛戰，由何而來呢？因之統一戰鬥體系的佈局，實為整個戰局之關鍵，故本戰雖獲得了點的勝利，卻失之於面，可謂功虧一簣。

● 周樹林

作戰時級職：空軍第四大隊第二十二中隊
中尉三級作戰參謀
撰寫時級職：空軍七四二三部隊中校一級副組長

作戰地區：河北省永年縣城

作戰起訖日期：35 年 8 月 7 日至 9 月 20 日

永年空投戰役

一、概述

　　抗戰勝利後，我軍沿平漢線揮軍北上接收華北，不料國軍行至安陽北部一帶，被共匪阻擾，原駐永年縣城之偽軍被匪包圍，該城東、南、西三面背水，城內居民恨匪入骨，勢不兩立，我為保全該部實力，迎接國軍北上接收，曾利用空投接濟。城內軍民同舟共濟，齊拆民房修築機場，接受空投物資，繼續維持一年有餘，該一空投戰役，為我空軍開一創舉。

二、我軍作戰指導

（一）我為保全國家元氣，及期匪悔過自新，對該股共匪未加痛剿。

（二）為保永年縣城內之軍民生命財產，利用空投食糧及大餅救濟。

（三）為保護我空運機之安全，服行任務時，以戰鬥機掩護之。

三、作戰經過

（一）作戰方式

    1. 空軍第四大隊，當時使用野馬式 P-51 型戰鬥機。

    2. 空軍第十大隊，使用 C-47 機載運製成之大餅實施單機空投。

    3. 飛機抵達永年上空時，均鋪有布板符號，並指示匪陣地位置，同時備有木船，準備水上撈獲物資。

    4. 匪在永年四周遍設陣地，除防阻城內守軍突圍外，並對我機實施射擊。

四、戰鬥經過

    1. 余於三十八年八月七日八時四十分，駕 P-51 14282 號機於南苑機場起飛，掩護 C-47 機一架以 2000 呎之高度，隨伴飛赴永年。飛抵沼澤地帶之永年上空後，高度 1000 呎，城內人民群集街頭搖物示慶，狀極歡騰。地面布板指示城北四里及城西六里之莊村有匪軍陣地，當即由西南向東北以 200 之高度通過該村莊，村內靜無人煙，惟向永年之村沿均有稀疏之假樹偽裝，此時空運機由南向北以 500 呎之高度，向城內實施第一次空投，當空運機每於進入空投前，即先予對兩村掃射，連續實施五次，空投完畢隨同返防。

    2. 八月三十一日八時五十分，駕 P-51 2467 號機，掩護 C-47 一架，赴永年投糧，仍按第一次之掩護要領實施掩護，共匪近來於空運機空投時，常行射擊，故空運機空投之高度增為 1000 呎，更為空運機之安全，余即飛 500 呎之高度對匪踞村莊施行掃射，且因當日西北風較大，空投物

資多落於城外東南之水中，木船冒匪之射擊，英勇搶撈
物資，動作迅速，均經撈獲。

3. 共匪自八月中旬在城垣外圍遍設陣地，以對我空投之飛
機施行射擊。於九月初旬，本大隊同期同學江定漢（該
員已於三十八年福州上空殉職）擔任掩護空投任務中，
被匪地面火力擊中，飛機故障，該員機警過人，迫降城
內，機損人無恙。不數日，大隊曾以 P-51 機八架，掩護
L-5 一架降落永年城內，將該員接返，該員在城內備受軍
民熱烈歡迎，城內負責人員曾向該員徵求保衛永年意見，
該員為增強城內戰力，曾指揮將飛機上之機槍六挺拆下，
安裝於城上，於夜間對匪示威試放，竟使匪軍喪膽，十數
日夜間不敢發動攻擊，對匪軍之士氣打擊非淺。

4. 於九月廿日九時十七分，駕 P-51 2280 號機，掩護 C-47 機
二架實施空投，因匪地面火力增強，為保持空運機之安
全，曾以 500 之高度施行掃射制壓，空運機則以 2000 呎
之高度實施空投，因受西北風之影響，空投物資多落於城
東南之水面，空運機空投完畢後，繼續掩護木船撈獲工
作，俟木船撈獲工作完畢後，即追隨空運機返航。

五、檢討

1. 匪軍之戰法

（一）作戰方面

（1）戰略：阻撓我軍北上接收，殘害匪區的愛國軍
民，襲擊我改編之（偽軍），恫嚇匪區內之廣大
民眾任其宰割，以達其禍國殃民之目的。

（2）戰術：採取包圍，斷絕補給，實施疲勞戰術，冀

使永年城內之愛國軍民向其投降。

（3）戰鬥：日伏夜出，利用無知民眾，實施夜間多方
面突擊。

（二）政治方面

（1）組織城外圍鄉間民眾，與城內斷絕往來，對城內
軍民實施孤立。

（2）夜間利用喊話，實施欺騙宣傳，瓦解城內軍民士
氣，以達心理作戰之目的。

2. 我軍之優點

（一）永年城內之全體軍民，忠心擁護政府，抱定自力更
生，堅決與共匪奮鬥，士氣旺盛。

（二）城內全體軍民，深明大義，精誠團結，士氣高昂，
堅決與城共存亡，充分發揮了我中華民族之精神。

3. 經驗及效果

（一）經驗

（1）屬於空運機方面者

A. 空運機實施空投前，須先測知風向風速。

B. 根據風向風速，實施修正，決定航路及空投點。

C. 空投高度，最好為 500 呎。

D. 俟戰鬥機進行掃射，實施對地面火力控壓時，
開始進入航線。

E. 空投後以高速度脫離。

F. 與戰鬥機保持密切連繫。

（2）屬於戰鬥機者

A. 不同速度之機種，不宜實施隨伴掩護，宜採區
域掩護。

  B. 先於空運機到達目標上空，須早偵知敵人陣
   地，對地面火力施予控壓，以減少空運機之威
   脅及損害。

  C. 對地攻擊時，採取低空高速度（必須低於空運
   機之高度）攻擊，以吸引敵人之火力，確保空
   運機之安全。

  D. 每次攻擊須在空運機進入航線之前實施之，並
   採不同之方向攻擊之。

  E. 與空運機保持密切之連繫。

  F. 空投完畢後，須掩護地面我軍搶救空投之物資。

（二）效果

 （1）余前後擔任掩護空投任務三次，均圓滿達成任
   務，奉核定記功一次。

 （2）自抗戰勝利後，永年空投為我空軍實施空投之創
   舉，自此奠定我空軍對地面部隊實施空中補給之
   基礎。

 （3）永年城經我一年餘之空投接濟，堅定了消滅共匪
   之決心，暴露了共匪禍國殃民慘無人道之殘暴行
   為，更喚醒了全國軍民，唯有消滅了共匪，國家
   才能步入建設之途。

（三）建議

  由永年之教訓，深知對地面部隊必要時實施空中補
  給，時間不宜過久，宜有地面援救計劃，否則空軍兵
  力消耗至鉅。

● **周樹林**

作戰時級職：空軍第四大隊第二十二中隊
中尉三級作戰參謀
撰寫時級職：空軍七四二三部隊中校一級副組長

作戰地區：察哈爾省張家口

作戰起訖日期：35 年 10 月 4 日至 12 日

張家口戰役

一、概述

共匪自圍攻歸綏傅作義之部隊（現已投匪，以下簡稱傅部），經我駐防北平之空軍（第四大隊）予以支援解圍，未能得逞後，轉而圍攻大同，傅部佯為解救大同，由歸綏向集寧推進，我駐防北平及居庸關之強大兵團，同時向康莊、懷來進攻，期於張家口會師，消滅聶匪（榮臻）之殘部。我康莊方面部隊沿公路以坦克先驅，進抵懷來東六公里處，遇共匪頑強之抵抗，毀我坦克車兩部，成膠著狀態。傅部於集寧消滅共匪萬餘後，小部沿鐵路向大同佯攻，大部兵力由集寧直取興和、南壕塹及張北，因匪軍主力大部開抵懷來一帶，且集寧匪軍主力又被消滅，共匪後門洞開，故傅部前進如入無人之境，兼傅部先頭部隊係利用騎兵，又賴空軍予以廣面偵察，傅部更能按規定使用布板信號，不數日，傅部已進抵張北與張家口間之山根。於 35 年十月十日傅部進攻張家口北面山頭之堅強陣地黃花坪，我駐平之空軍，全力對匪實施空中直接支援，每批九架，單機低空投彈及掃射，整日空中飛機未曾間斷，一批接一批，每機均以 100-200 呎之高度（距

山頭陣地）實施投彈及掃射，傅部士兵爬山及匍匐前進，與共匪搏鬥，歷歷可見。直至下午，眼見傅部士兵蜂擁攻抵匪軍戰壕將匪軍俘虜，此時張家口市內之匪軍及物資（馬車）已開始向宣化、化稍營一帶撤退。

二、戰鬥前之狀況如附圖一，戰鬥後之狀況如附表二。

三、作戰經過

1. 九月十四日，奉命領隊轟炸大同北約兩公里之匪軍司令部，及掩護 46 機乙架赴大同空投彈藥，以高度 3000 呎、80° 俯衝投彈命中，並掩護 C-46 機空投四次，因空運機高度較高（2500 呎），並因掛有降落傘，約有一半彈藥落於城西，此時匪軍及我軍即來搶奪，遂掩護我軍搶回大部，俟我軍返回陣地後始返防。

2. 十月四日，率機乙架，炸射達子營以孤立張家口匪軍。

3. 十月六日率機乙架轟炸西合營，任務達成。

4. 十月十日，隨機（九架，余任分隊領隊）炸射黃花坪匪軍陣地，每機均取 100 呎單機連續低空攻擊，當傅部士兵在我機攻擊開始時，立即衝鋒群攻匪軍陣地，俟我攻擊後，彼等已進抵戰壕邊沿，匪軍多被俘虜。每機攻擊六次，約二十分鐘，攻擊後並至外圍偵察匪情，此時發現傅部騎兵四人手持布板符號，由萬全向張家口西南方向包圍馳進，當時之興奮，非言語所能形容。

5. 十月十一日，率領乙架炸射張家口外圍匪軍，任務達成。

6. 十月十二日，率機兩架炸射化稍營，於 16:00 發現匪軍約 1000 餘名及馬車約百餘輛向南撤退，立即轟炸掃射，每

機攻擊六次，彈盡返航。

7. 十月十九日，率機乙架炸射西合營，任務達成。

四、檢討

（1）軍事作戰方面

1. 依余個人空中之看法，我軍在該次戰役中，係以主力由懷來方面主攻，以傅部由歸綏出發為佯攻，以打通平綏線、收復溪北地區，共匪似針對我方之戰略，將主力佈置於懷來一帶阻我前進，另以少部兵力佈防集寧保護後方，嗣我軍被阻於懷來後，集寧傅部適獲得重大勝利，我即改懷來方面為助攻，以傅部逞勝利之餘威為主攻，使匪卒不及防，為我逞虛而入，攻入匪巢，獲得全勝。

2. 該次戰役中，匪採取陣地戰，自抗戰勝利後尚屬首次。在當時剿匪戰爭中，我軍最希望共匪採取陣地戰，如此方能發揮我空軍之威力，共匪所以在該戰役中慘遭失敗之最大原因，似在於此。

3. 作戰最重要則為情報，傅部因對轄區內民眾組織嚴密，各地連繫密切，故情報之搜集傳遞較易，能利用廣大民眾搜集情報，是為最經濟之有效方法。共匪則採用該項辦法，利用小販、親屬、鄉親關係等，不論男女老少，凡能利用者均予利用，且所賦予之任務極為簡單易做，任務完成，則不再做同一任務，如此情報不但搜索容易，且對保密亦能達到要求。

（乙）經驗及效果

    1. 屬於空軍方面

      （1）空中直接支援貴乎地面情報準確，敵我態勢分明，攻擊目標顯著，傅部能按規定立即顯示符號確定敵我位置並指出敵人主力之所在，戰鬥間先頭部隊更能手持符號隨軍異動，保持最新態勢，使我空軍攻擊容易。

      （2）空軍第四大隊先期趕修飛機，使用全部兵力分批連續重疊實施全日炸射，使敵失去戰鬥力量，充分發揮了我空軍之威力。

      （3）欲使轟炸準確，除利用大角度俯衝投彈外，則為低空投彈掃射尤然，超低空攻擊除命重效率較高外，聲響吼嚇對敵人之士氣影響甚巨。

      （4）兩批飛機重疊攻擊時，前後兩機領隊須密切連繫，後批飛機任前批之空中掩護，俟前批飛機最後一架攻擊完事，後批飛機已完成進入動作接續攻擊，使敵無喘息及佈署對空射擊之機會。

    2. 屬於地面部隊者

      （1）地面部隊應隨時搜集情報尋找敵人之主力，並與空中飛機密切連繫，按規定適時顯示符號，指示攻擊目標。

      （2）要有旺盛之攻擊精神，尤其於飛機攻擊時即實施衝鋒，傅部在此次戰役中所以能夠成功，除由空軍不斷的予以充分支援外，其旺盛之攻擊精神實為其主要之條件。

3. 效果

(1) 張家口收復後，全國軍民均為之興奮，尤以華北為甚，民心士氣大為提高，共匪聞之喪膽。

(2) 打通了平綏路解圍大同，確實掌握了西北，把共匪趕入小五台山及靈邱一帶，從此共匪不敢輕易蠢動。

該戰役為剿匪以來最大之勝利，所以能把共匪消滅大半，將其殘餘部隊趕入山區，端賴我上峰指揮得宜，我空陸軍用命及全國軍民支持所致。

(3) 在該此戰役中，前後共出及七次，協助大同我軍作戰有功，嘉獎一次，收復張家口有功，奉頒七等雲麾勛章乙座。

附件一　戰鬥前之狀況（集寧戰鬥前之狀況）

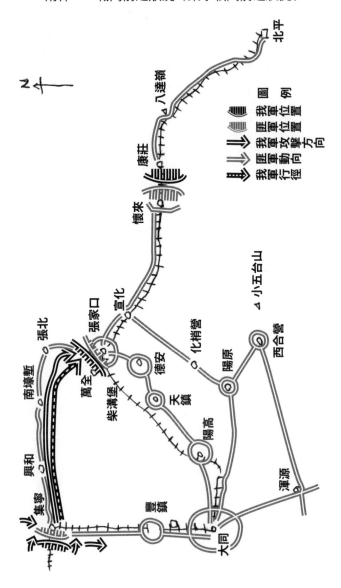

附件二　戰鬥後之狀況

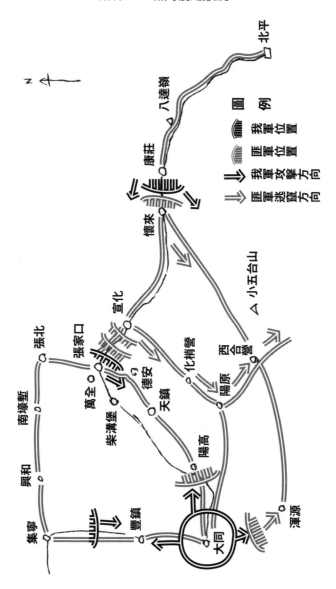

● 潘承祐

作戰時級職：空軍第四大隊第二十三中隊
少校三級中隊長
撰寫時級職：空軍作戰司令部上校二級處長

作戰地區：北平

作戰起訖時間：35 年 8 月至 9 月

卅五年八月二日至九月十九日戡亂大同集寧戰役經過及心得報告

一、概述

　　卅五年七月因北平城郊匪勢猖獗，空軍第廿三中隊奉命駐防北平負責協同地面部隊作戰，並擔任掩護空運實施偵炸任務，該戰役全期承祐與中隊全體同志均參與大同、集寧兩戰役。

二、作戰前匪我態勢

　　匪為打通同蒲線以策應西南與延安老巢及直接與東北之匪取得聯繫起見，於卅五年七月中旬起，由各地集結數萬兵力於大同外圍，八月二日乃由豐鎮、口泉、渾源、陽高等地同時前進，以圖包圍大同。當時城內我守軍僅有三千餘人待援，情況至為緊急，本隊奉命阻止匪包圍行動，俾我地面增援部隊得由懷仁向大同進擊。

三、作戰經過

　　自戰爭開始大同守軍補給即告斷絕，本隊以全力實施阻絕任務，對大同外圍及增援匪軍與以猛烈持續之炸射，以遲滯其行

動。迨八月十七日匪軍迫近大同城郊後，對機場上之飛機起落安全均成問題，因此守軍補給改由空投，並由本隊派機掩護，遂使空運機能以達成任務，守軍亦能暫告解圍。

匪軍自包圍大同失敗後，遂將兵力北撤集結集寧一帶準備再舉進攻，但因受我空軍不斷攻擊致傷亡慘重，迨九月十日我地面友軍開始向集寧進攻時，本隊擔任空中掩護與掃蕩任務，遂得順利前進，同時本隊並派機對涼城、豐鎮之匪軍予以猛烈炸射，因此兩地匪軍不支潰退，十四日遂克復集寧城西南兩面據點，匪萬餘乃向集寧東北逃竄。另股匪軍竄至集寧北六公里侯家村及東八公里之紅海子附近，本隊當即對該等地區予以猛烈炸射，匪軍傷亡慘重，於九月十九日協同克復豐鎮。統計七至九月份本中隊參加大同集寧戰役，共出動飛機八百餘架次，損失飛機一架，人員無傷亡。

四、戰鬥後之狀況

由於戰略形勢所致，大同、集寧棄守後匪勢益形猖獗，加之徐蚌會戰、上海保衛戰等戰役失敗，後遂轉進舟山及台灣。

五、檢討

本戰役一般檢討：

（一）匪軍之特點

　　1. 匪軍在其交通補給困難與我空軍日間猛烈攻擊下，仍能利用夜暗及坑道戰術進行慘烈之攻擊，以迴避空中攻擊。

　　2. 對空火網雖無大口徑對空武器，但小口徑對空砲火能在我飛機脫離方向上構成火網，使我損失一架

之原因即在此，分隊長周世鈞在被擊中後迫降我陣
地，被友軍救回。

3. 匪軍集中兵力異常迅速，故每向我軍發動攻勢時，
使我地面部隊常不明其主力所在，致我空軍之攻擊
亦難擇其重點實施攻擊。

（二）國軍之缺點

1. 陸空作戰無密切之配合，各自為戰，因此無法發揮
統合戰力，而友軍亦不能利用空軍攻擊發揮已得之
戰果。

2. 情報報導不正確，對匪軍流竄方向與其主力集結之
地點常不能獲致正確之情報，以致空軍出動之兵力
並不能獲得預期之戰果。

六、教訓與意見

（一）現代戰爭為總體戰，絕非單一軍種可能獲勝，三軍
必須協同密切配合方可獲得預期之戰果。

（二）作戰第一情報為先，情報正確而後大軍所指無往不
克，必須講求情報之蒐集與正確性之程度，方能使
指揮官之決心正確。

（三）加強精神教育，鍛鍊孤軍奮鬥精神，在後勤措施上
對必守之據點應預屯足糧彈、保持水源，在能獲得
空中優勢時可以空投補給，但必須考慮在不能獲得
空投時之備用方案。

● **臧錫蘭**

作戰時級職：空軍第四大隊第二十三中隊
少校一級中隊長
撰寫時級職：空軍軍官學校上校一級組長

作戰地區：東北

作戰起訖日期：35 年 9 月至 37 年 9 月

東北戰役（長春、永吉、四平街）

一、概述

1. 抗戰勝利後三十五年九月第四大隊駐防北平，余奉命率
二十三中隊駐防瀋陽北陵機場，受第一軍區司令部之指
揮，擔任東北地區對匪之偵察及攻擊其地面部隊、交通
線、補給區任務。

2. 與空軍第一轟炸大隊駐防瀋陽東塔機場之一個分隊協同
任務。

3. 駐防期間除經常偵巡外，曾參加長春、永吉、四平街等諸
戰役。

二、作戰經過

1. 長春戰役：三五年十二月起至三六年三月偵察長春西北
農安地區及攻擊長春外圍之匪軍，領隊出擊共四十餘
次，匪軍企圖攻佔農安進襲長春，由於我陸空軍協同密
切，匪軍之動態情狀我空軍部隊偵察確實，我陸軍部隊
調動適當，匪軍之企圖未成而撤退，匪撤退時我空軍部

隊曾予以追擊，匪傷亡慘重。

2. 四平街戰役：三六年五月十一日起至三六年六月二六日協同我四平街守軍作戰，該期間曾領隊偵察及攻擊四平外圍地區匪軍共三十餘次，並對攻入四平街西南角之匪軍曾領隊全力轟炸五次，尤於六月廿五、廿六兩日之集中兵力攻擊（出動飛機共二百餘架次），匪軍傷亡慘重，不支而撤退（據報匪軍死亡二萬餘），四平得以解除匪軍之圍攻。

3. 永吉戰役：三六年十月間協同永吉陸軍領隊攻擊永吉外圍匪軍十次，由於陸空協同密切，進犯永吉之匪軍傷亡慘重，不支敗退。

三、檢討

1. 以上三次作戰我致勝之因素為：

（1）我空軍能普遍偵察獲得匪情迅速。

（2）對匪之交通線及補給區施以有效之攻擊，阻絕戰場使匪第一線部隊癱瘓，活動困難。

（3）陸空協同密切，獲得良好之戰果。

（4）飛行部隊對作戰地區地形熟習，戰況明瞭，士氣旺盛，尤對寒冷天氣下發揮飛機之最大性能。

（5）匪無空軍減少我空中敵情之顧慮，能盡量發揮對地攻擊之威力。

2. 匪軍方面因受我空軍之打擊過甚，故對戰法及其行動方面屢求改進，如在大雪時之偽裝，在進襲時挖掘地下通壕以及對空射擊技術進步等，致增加爾後東北地區作戰之困難。

● **周兆麟**

作戰時級職：空軍第四大隊第二十三中隊
上尉副中隊長
撰寫時級職：空軍第三大隊中校一級副大隊長

作戰地區：金門

作戰起訖日期：38 年 10 月 24 日至 11 月 2 日

古寧頭戰役

一、概述

　　1. 概述

　　　三十八年十月下旬，朱毛匪軍部隊於掠取金門以北之大
　　　小嶝島後，復集結兵力乘帆船進犯我軍固守之金門島，
　　　並於金門島之古寧頭地區經我空軍與我金門守軍之迎頭
　　　痛擊，進犯之匪卒全部就殲。余當時任空軍第四大隊第
　　　二十三中隊副中隊長，除協助中隊長指揮作戰外，並曾
　　　領隊出擊四次炸射進犯之匪軍，以直接支援我軍作戰。

　　2. 各部隊之番號

　　　空軍第四大隊暨所屬第廿一、第廿二、第廿三等三個中
　　　隊，均奉命全力參加直接支援作戰，我金門守軍之番號
　　　不詳。

　　3. 編制與裝備

　　　空軍第廿三中隊，除隊本部外，下轄四個分隊，裝備 F-51
　　　型戰鬥機二十五架。

　　4. 員額統計

　　　官長六十八員，技術士兵一百七十八員，普通士兵四十

九員，合計二百九十五員。

5. 指揮之部隊

協助空軍第廿三中隊長指揮所屬官兵積極從事於作戰之檢備，並於奉命後指揮及領隊出擊作戰。

二、作戰前之狀況

1. 國內政治狀況民情

我政府以台灣為反攻復國之基地，整軍經武，政治蒸蒸日上，人民痛恨共匪，對政府之信心堅定。

2. 敵之兵力動態

朱毛匪幫自竊陷浙、閩以後，則逐漸集中兵力於東南沿海地區，企圖進犯我軍固守之大陸東南沿海島嶼，然後進而進犯台灣本島，至其兵力則不詳。

3. 敵我態勢戰地一般狀況等

當時朱毛匪幫陷廣州未久，大陸地區機已全部為共匪所竊據，然大陸東南沿海之島嶼，如舟山、大陳、馬祖、平潭、金門、海南等則仍在我軍掌握之中，匪空軍兵力微弱，且大部集中於東北地區，未參加實際作戰行動。

三、我軍作戰指導

1. 計劃

所屬中隊準備以全力出擊，支援金門守軍作戰。

2. 部署

所屬中隊兵力全部集中於嘉義基地，隨時執行出擊作戰任務。

四、作戰經過

自三十八年十月下旬匪軍進犯古寧頭之竄擾行動開始後，本中隊即奉命出擊炸射進犯該地區之匪軍，以直接支援我守軍作戰。各奉命出擊人員無不奮勇直前，發揮高度旺盛之攻擊精神，重創匪軍創造輝煌之戰果。自十月廿四日至十一月二日，余曾先後領隊出擊四次，在整個古寧頭戰役過程中，本中隊均能圓滿達成上級所交付之任務，人機均無損失。

五、戰鬥後狀況

政局軍隊及地方關係等事項之影響

古寧頭戰役進犯之匪軍，悉數就殲，我軍大獲全勝，使匪軍不敢輕易再跨越雷池半步，而對匪作戰之士氣與信心，則更見增強，對金門之確保，實具有重大之意義與影響。

六、檢討

1. 匪軍軍事作戰方面

   匪軍戰略戰術戰法運用的特質

   匪空軍未參加該戰役之作戰，匪軍仍僅憑其流竄之方式，利用帆船渡海登陸作戰，但並未能達成奇襲之目的。

2. 我軍優點及缺點

   我軍作戰士氣旺盛，協調密切，但事前對於匪軍之動態，可能未盡明瞭，以致未能殲軍於其集結之時，亦未能邀擊匪軍於渡海之際。

3. 經驗與教訓

   匪軍於作戰行動之先態隱祕其企圖，且企圖利用夜暗之掩護而偷渡作戰，以致我軍陷於被動之不利態勢，對匪

軍此種陰險與詭詐之行動，吾人實應特別提高警覺。

4. 改進意見

朱毛匪幫自竊據大陸以後，其覬覦我台澎金馬之野心從未稍懈，吾人除應確保我反攻復國之基地及外圍島嶼外，更應採取積極的主動攻擊行動，以完成我反攻復國的革命任務。

● **張金輅**
作戰時級職：空軍第四大隊少校一級中隊長
撰寫時級職：空軍第一聯隊中校一級作戰組長

作戰地區：舟山群島

作戰起訖日期：38 年 8 月 16 日至 39 年 5 月 17 日

舟山戰役

一、概述

　　國軍於民國三十八年自上海撤守後，部分國軍移防舟山，空軍第四大隊也奉命自台灣進駐舟山定海機場協防舟山群島。空軍第四大隊自三十八年五月進駐舟山迄三十九年五月舟山轉進撤守止，前後將及一年，除協助友軍防守舟山諸島嶼不為匪犯外，並負責阻絕匪軍滬杭甬三角地帶之陸上交通及封鎖滬杭一帶海上之運輸。空軍第四大隊於該時期中，除密切協調友軍防守舟山群島外，對匪軍海陸交通運輸之阻絕曾獲致輝煌之戰果，使匪偽在該地區及整個大陸之經濟影響極巨，並於卅八年十一月初協助友軍造成登步島戰役之大捷，使國際間對國軍之戰力為之耳目一新。卅九年五月舟山安全撤守成功而確保國軍戰力之轉移，我空軍於全期中均能按照既定計劃掩護友軍並為友軍之耳目，厥功至偉。

二、作戰經過

　　（一）38.8.16 率隊偵察轟炸黃浦江匪船艦。

　　（二）38.8.19-38.8.28 率隊轟舟山外圍匪佔島嶼。

　　（三）38.11.4-38.11.5 率隊協助友軍防守登步島，殲滅全部

進犯匪軍數仟人，造成登步島戰役之大捷。

（四）38.11.4-38.12.4 率隊轟炸舟山外圍匪佔島嶼、轟炸黃浦江匪船艦、轟炸攻擊寧波大橋、掩護 B-25 轟炸上海龍華及大場機場。

（五）39.4.10 率隊威力搜索上海地區匪機。

（六）39.5.5-39.5.9 率隊轟炸攻擊舟山外匪佔島嶼及船隻，並攻擊寧波機場匪軍設施。

（七）39.5.10-39.5.17 偵察舟山地區及外圍匪軍海陸動態，掩護友軍船隻自舟山安全撤守。

三、檢討

（一）登步島大捷

我軍以劣勢兵力而戰勝犯匪之優勢兵力而造成登步島大捷之主因，固由於守軍之士氣旺盛、同仇敵愾之志堅，而空軍能適時予以必要之支援，如摧毀匪偽之要點陣地及攻擊掩護我軍之增援及進襲等，也為造大捷成功之要素，此役更證實國軍非僅可抗拒匪偽之侵犯，更可在卓越之指揮下克敵致果獲取勝利，唯有賴於三軍將士用命，同心同德，艱苦犧牲，始克完成上級所賦予之使命，登步島戰役確使匪為喪膽，迄舟山撤守期間，從未再對我嘗試有計劃之進犯。

（二）滬杭甬地區之海陸交通封鎖

在此期間匪偽交通幾陷於停頓，不僅外輪無法順利進出必要之港口，即匪偽船也不在白晝間活動，此實由於我空軍、海軍執行任務確實所致，唯未能使該地區匪偽之經濟陷於枯竭者，乃由於海空軍之

戰力限於基地及國際關係之牽制，無法作全力之發揮，否則我海空軍當獲致更加之成績。

（三）舟山撤守

國軍於三日間在精密之計劃與指導下，全部安全撤守舟山，可說是我國軍戡亂史上之一大勝利，在此期間匪偽對撤守國軍非僅無任何阻撓與攻擊行動，且判斷其似無任何有關情報之獲取，由於我空軍於撤守期間在該地區偵察巡邏時未曾發現任何有關之跡象證明匪軍知悉我之企圖。此役之成功，固於國軍在有計劃之指導下行動迅速機密，而我對情報之封鎖成功，則有賴於我保防工作人員之努力。

● 吳國棟
作戰時級職：空軍第四大隊上尉一級中隊長
撰寫時級職：空軍第四聯隊上校副聯隊長

作戰地區：陝北

作戰起訖日期：36 年 3 月 14 日至 24 日

延安戰役

一、前言

戡亂作戰中，余參與作戰者凡兩次，一為「張家口會戰」，另為「克服延安」。前者於會戰結束及最近總部整理戰績時均有詳細檢討並呈報有案，若僅依個人追憶除有感資料不全外，且嫌重複有失價值，今就對「延安會戰」作一記述，藉希拋磚引玉，以為整理全部剿匪戡亂工作者諸公之參考也。

二、會戰之源起

匪軍一貫其不守信義之作風，違反三次停戰協定且叫囂發動所謂「西北春季攻勢」，尤以匪竊據延安，以為赤都者凡十有三年，經積極開發，其政治、經濟、文化等已雛具形態，故一切叛亂及賣國罪行莫不以此胥賴，以為發號施令之神經中樞也。我政府為安定人心，伸張威信，不得不提師先制，主動征剿，民卅六年三月十四日會戰即因此而發生。

三、匪我動態

（一）匪以一部兵力沿封鎖線不斷向國軍襲擊，其主力在

山西與國軍作戰中，國軍主力在山西對匪攻擊，以
一部沿封鎖線取守勢。

（二）匪我戰鬥序列

1. 匪軍

匪陝甘寧邊區指揮官賀龍，共轄三個師、十三個
旅，計共約野戰軍七萬人，另民兵約九萬人，總
計十六萬餘人。

2. 國軍

（1）西安綏靖公署胡宗南，轄二個軍、一個師、
二個旅、七個團、七個營，計正規軍約九萬
六千四百人，保安團約三千人，總計十萬人。

（2）另配合空軍西安指揮所指揮官王叔銘，轄空
軍戰鬥第十一大隊及轟炸第一大隊第九中隊、
戰鬥第五大隊一部、轟炸第八大隊一部。

四、我軍作戰指導及計劃部署

（一）方針

1. 國軍以一舉攻略陝北匪巢，肅清黃河溪岸匪軍之目
的，澈底集中優勢兵力，由宜洛間地區直搗延安，
並以有力一部突入匪後而奇襲之。

2. 攻擊行動開始日期，預定為三月十二日拂曉。

（二）指導要領

1. 靈活運用空軍協同作戰，妨礙匪軍跨黃河東西之兵
力轉用，打擊匪主力之集結。

2. 攻擊開始前，寧夏及陝北方面，各以有力部隊對三
邊及安定方面強行牽制攻擊，策應國軍作戰。

3. 區分左右兩兵團，並各以一部為第一線，主力為第二線於空軍及其砲兵之密支下，奮勇突破匪之陣地，作翼之延伸將其包圍殲滅。

4. 左右兵團攻擊時，應特別注意隊兩側之警戒。

5. 空軍於 D-4 日起實施戰略偵炸，由對永平至延安，延川至延安，榆林、安定至延安之各道路及馬鬥關、永和關等各渡口匪之動態。

6. D-3 日起重轟炸延安機場及其軍事設施。

7. 於攻擊開始前亙全戰役，主偵察碉堡線匪軍兵力兵種工事設施、主陣地工事強度及兵力配備狀況與戰場內匪兵力調動，及任兵團連絡。

8. 攻擊開始之直前，主轟炸匪軍工事及陣地內一切設備。

9. 攻擊開始之同時，以戰鬥機主協力右翼兵團作戰，一部協力左兵團作戰。

10. 追擊時空軍以全力猛烈追擊並遮斷黃河各渡口匪軍之退路。

五、作戰經過

（一）我空軍行動概依計劃出動，D-4 日起偵炸各交通要道、渡口、據點等目標。綜合攻擊前匪之動態如後：

1. 交通道路運輸繁忙，惟多係分散利用駄馬或獸車，機械化運輸工具鮮有發現。

2. 據地面情報，匪之調動多在夜間行動，蓋為避免我空中襲擊故也。

3. 當面匪陣地匪正積極加強構築中，尤以臨真鎮－

劉村－舊治城之線地形起伏山岳橫斷，空中瞰視絕無通道，匪依山構築工事頗有「一夫當關，萬人莫敵」之象。

（二）攻擊日原定三月十二日拂曉開始，但因政治某項問題牽制（回憶當日未能如期發動攻擊者為美方代表人員在延安遲未飛出之所致），而該日天氣晴朗，空軍坐失良機殊屬可惜。後延至十四日開始，唯天氣於十三日晚突告轉劣，以致攻擊之第一日空軍未能配合行動，致使地面友軍增加困難多予死傷，影響推進速率。

（三）攻擊第二日（三月十五日）天氣放晴，我空軍所有機種全力出擊，除戰鬥機直接斬獲外，B-24、B-25 分別向臨真鎮、何家溝、北窰坡、延安、綏德、米脂各要地攻擊，成果良好。

（四）攻擊第三日（三月十六日）由於我空軍 P-40、P-51、B-25 之輪番轟炸，卒將匪陣地摧毀，該日王公叔銘親駕 B-25 臨前線督戰，余亦奉命隨機觀察，飛行高度最高不超過 3000 呎，低則 500 呎以下，故兩軍對陣一目了然。適時有大批 P-40 機攜彈到達，王公直接下達電令，P-40 隨即魚貫低空炸射，匪陣地應聲翻毀，我地面戰士接踵猛追，突入匪陣當場展開肉搏戰，俘殺無數，一舉而攻克金盆灣地區，自是匪軍已形動搖，戰志低落，實為本次會戰勝負之關鍵也。是役陸空協同之密切程度及我友軍士氣之高昂，實為空前壯舉，迄今每回憶該次經過尤覺精神緊張，且對友軍作戰英勇行為讚嘆無止焉。

（五）攻擊第四日至第六日（即十七日－十九日）國軍攻勢
節節順利，匪首賀龍在延安地區曾集結四個旅，及甘
泉以北匪部亦受賀匪指揮，企圖在延安附近發動反
擊與國軍決戰，然國軍行動迅速，直搗匪巢，士氣益
奮，匪惶於應付，故於三月十九日（攻擊之第六日）
晨八時許，我第一師先頭部隊首先攻入延安，第九十
師於午後亦攻克飛機場。

（六）國軍攻克延安後，左右兩兵團各於延安南北地區稍事
整頓後，向延安以外據點伸張戰果，故於三月廿四日
先後佔領花樓陽－安塞之線，匪主力則向瓦窰堡及保
安方面退卻，自此延安會戰暫告一段落。

六、戰鬥後狀況

（一）本會戰共斃傷匪旅長、參謀長、團長、大隊長以下官
兵一萬六千九百零六員名。

（二）國軍傷亡營長以下官兵一千零卅員名。

（三）國軍與匪傷亡比數為 16：1，國軍損傷輕微。

七、檢討

（一）國軍

甲、優點

1. 陸空協同發揮至高效果，且地面友軍能充分把
握時機「飛機投下炸彈煙塵尚未消失之瞬間，
地面部隊即乘機衝鋒突入匪陣」。

2. 空援申請之目標適合，飛機執行任務容易且
地面砲兵以彈著只是目標。

3. 布板信號確實，使空中敵我鑑別容易且布板指示方向亦無錯誤。

4. 地面友軍實施深入敵後或敵側背之戰略行動，為恐我空軍誤會，曾將布板隨部隊行進時頂置於頭上，使空軍隨時能明瞭友軍確實之位置，支援容易。

5. 空陸士氣高昂，將士用命，行動果敢迅速。

6. 計劃週詳，地面兵力集中澈底。

乙、缺點

1. 攻擊日變更未能對氣象作慎密考慮，致攻擊開始天氣惡劣，空軍留置地面不能適時出動。

2. 空援申請系統未建立，僅賴前線與後方之有線電聯絡，往往失去時效。

3. 陸空協同事項均屬臨時決定性質，缺乏共同作業之思想。

4. 攻克延安後對匪之追擊不足，均呈迷於現狀之滿足而失良機，使匪得以喘息機會，以致有爾後之失敗，誠屬遺憾。

(二) 匪軍

甲、優點

1. 行動掩蔽，白晝不易發現集結之兵力。

2. 工事良好，尤以藉天然地形構築工事，空中不易發現。

3. 退卻迅速，空室清野，主力不易捕捉。

乙、缺點

1. 缺乏對空武器，處處被動。

2. 人員對空未作偽裝。

八、結論

「延安會戰」之經過已詳述於作戰經過，本次會戰可以「敏
捷」二字譽之，省度會戰自開始迄結束凡十一天，僅此短
暫之時間內能獲得此空前勝利者，自當有該次會戰成功之因
素，惜乎攻擊延安後即以為滿足，除追擊不澈底，匪主力未
予殲滅外，且亦從未將會戰得失作更深檢討，及集合全國將
領藉施教育，以為爾後之改進。關於空軍方面亦嫌集中兵力
不夠，當時若能以全空軍之兵力集中西安地區，對其戰果則
更加擴大，實為料想中之事也。連想我空軍今後從事反攻大
陸任務，以少數兵力對多數兵力立場而言，尤應掌握時機，
澈底集中，以果敢迅速之手段，對空利目標實施奇襲方能收
致勝效果，捨此將不能發揮我空軍最大能力或保持空軍之完
整耳。本篇心得僅係鱗爪片段，追索回憶而已，其中遺漏必
多，且事隔十年有餘，細節部分殊難一一記述，以上所陳區
區我見，謹請參考。

● 陳履元

作戰時級職：空軍第四大隊上尉中隊附
撰寫時級職：空軍第三聯隊上校三級作戰組長

作戰地區：華北、東北

作戰起訖日期：34 年 11 月至 37 年 3 月

華北及東北地區之作戰

一、概述

　　1. 概述

　　　（1）自抗戰勝利後，曾騁馳大江南北的中國空軍第四大隊皆晏息於重慶白市驛隊部，靜候上級命令分配我們將來的駐地，原來我們這隻久戰的志航大隊自衡陽保衛戰以後，即調赴印度換裝改用 P-51 型戰鬥機，正準備使用這一批新型的戰鬥機執行幾次漂亮的任務時，不料勝利突然來臨，使令得我們措手不及為自己的將來作一個安排與打算，所以在短暫的狂歡之後，便都寧靜的在期待，期待著重返鄉園的那一日。

　　　（2）十月卅日，野馬式戰鬥機九架分別由重慶、恩施直航故都北平，於 1600 降落南苑機場，降落後即獲得作戰命令，對匪在綏、察一帶的蠢動執行偵察與攻擊，並解救包頭之圍。於是由十一月一日起，我空軍第四大隊即進入了戰鬥序列，開始那漫長無休止的堅苦作戰。

（3）自從卅四年十一月開始到卅七年三月間，空軍第四
　　　大隊轉戰冀、察、綏、魯及東北一帶地區大小戰役
　　　不下廿餘次，其中以張垣、萊蕪、吐絲口、平津保
　　　三角地區、東北四平、長春保衛戰、佳木斯空戰等
　　　任務較著戰果。

2. 各部隊之番號

空軍第四大隊下屬四個中隊，廿一、廿二、廿三、廿四
等四個中隊。

3. 編制與裝備

第四大隊所屬直屬中隊四個，到卅五年八月間及改編為
三個中隊，其番號為廿一、廿二、廿三，大隊部取消作
戰與總務主任參謀，改設大隊附與第一、第二、第三、
第四課，每中隊編制飛機 25 架。

4. 指揮之部隊

第四大隊大隊部及兩個中隊駐北平南苑機場，另一中隊
駐瀋陽北寧機場，駐瀋陽中隊每年輪調一次。

5. 先後任人員（指揮官）

大隊長孫伯憲、蔡名永。

二、作戰前之狀況

國內政治狀況民情

於剿匪戰役開始前，國內已經歷八年長期抗戰，國困民憊，
為政者忙於接收謀求優仕，為民者忙於還鄉，對共匪叛亂皆
未予重視，致使共匪與俄帝勾結之陰謀得逞。

三、作戰經過

1. 綏遠戰役

三十四年十一月初，包頭被匪圍攻甚急，我部隊使用 P-51 每批四架輪番赴包頭對城外各村鎮實施攻擊，於首次執行剿匪任務時，沿大同、歸綏以迄包頭一線公路隨時可見為數千百以上騎兵行列，每次俯衝皆未開槍，因念及同為中國人，實於心不忍。此時心情與抗戰時對異族作戰大有出入，但後見匪軍之猖獗，逐發現共匪陰謀毫無國家民族觀念，乃予以痛擊。

由於北平至包頭一帶地區遼闊，沿途匪軍部隊調動頻繁，空輪偵察或攻擊任務每次皆彈盡而回。後歸綏復被圍困，我部隊又對歸綏城外各據點攻擊，守城為傅作義部隊，地面布板信號清晰，戰鬥精神頗為旺盛，由於空地能作密切配合，所收戰果頗佳，此次戰役直至包頭歸綏解圍為止。

2. 平津保三角地區作戰

於平津保三角地區，匪佔據全部之「面」，我國軍部隊僅佔點線，有時連線皆無法保持，造成長時間孤立狀態，除平津外其餘火車路基皆被匪掘斷，因此保定以北各縣如定縣、滿縣、易縣等地隨時皆在被匪圍困中。我空軍部隊雖駐於北平近在咫尺，由於國軍作戰部署原則似為兵不離城，雖每日偵察攻擊任務皆在四十架以上，亦無能為力挽回頹勢，因此平津保三角地去陷於長期膠著混亂狀態中。

3. 張垣戰役

卅五年九月上旬，國軍於懷來一線向張垣攻擊，同時傅作義部隊由綏遠南下夾擊，於九月中旬傅作義騎兵部隊遂首

先進入張垣。是役我空軍第四大隊擔任空中直接支援，每日出動兵力皆在六十架次以上，我等目擊騎兵先頭部隊進入張垣城內，於空中無線電中可聞歡呼聲，士氣高昂。

4. 四平戰役

四平位於長春南六十英哩，為瀋陽、長春間必經要地，匪為求掠取長春，曾先後對四平發動攻勢六次，其中以第六次攻勢最為猛烈。當四平被圍，鐵道以西為匪攻佔後，開始逐街逐屋戰鬥，當時四平守軍為陳明仁部隊，竭力防守，戰況慘烈，我第四大隊全體進駐瀋陽，除攻擊四平外圍匪各交通要道，圖阻絕其各項補給、運輸與支援部隊之前進外，並對四平城內鐵道以西匪各據點行轟炸掃射，並偵察攻擊四平城外匪砲兵陣地。每日出動最高曾到達九十餘架次，創第四大隊於剿匪戰役中每日出動架次之最高紀錄。

後匪因陳明仁部隊持久堅守，每日遭受我空軍攻擊，損失慘重，逐於八月上旬開始向西撤退，於匪撤退之當日，被我空軍發現其行蹤，逐出動大批飛機追擊，予匪重大損害。本次戰役正屆溽暑，因戰況激烈，死亡慘重，待匪軍敗退後，我機有降落四平者，於機場即覺屍臭逼人難忍，如若進入市區，則實令人難以想像。

5. 佳木斯之役

卅六年十一月，據報匪有飛機四十餘架於佳木斯附近一帶地區活動，我空軍第四大隊奉命出動，以企對匪空軍作一舉殲滅，上午十一時左右共出動 P-51 型戰鬥機十二架，分三批赴牡丹江、哈爾濱、佳木斯等地區行掃蕩攻擊。余隨同副大隊長徐華江少校率吳汝杰中尉、宋大受少尉分別

駕 P-51 四架於上午十一時五分起飛，途經吉林、葦河、牧丹江、林口等地到達佳木斯上空，高度 8000 呎搜索無發現，遂沿松花江南下，於距佳木斯約五十里陽原機場上空高度 500 呎突發現匪下單翼飛機一架，立即佔位攻擊，匪機當即墮毀，駕駛員斃命，返瀋陽降落已 17:45 將近終昏。是役因證明不足，紀錄未被承認，事後於卅八年來台後，由我空軍被俘歸來人員口述，當時確曾有匪機於陽原機場上空被擊落，該記錄方始獲空總之承認。

6. 其他零星戰役

由於作戰地區遼闊，無法作統一有順序之整理，故未列入。

四、檢討

1. 匪軍軍事作戰方面

匪軍戰略戰術戰法戰鬥的特質

A. 匪陸軍機動性極強，有利則攻，不利則退，則肥而噬，使國軍部隊處於被動地位防不勝防。

B. 匪善於夜行軍，恆於一夜之間行進數十里，來去無蹤跡，國軍疲於奔命。

C. 對空防禦訓練良好，遭遇我機攻擊時立即疏散全體仰臥對空射擊，故我機於對地反擊時常遭有被擊落或中彈之事所發生。

D. 於華北及東北地區匪佔有廣大地域，亦即以面吃點線，糧秣補給可由廣大農村就地徵集而向點線輸送，使糧秣補給無匱乏之虞。

E. 以大吃小，集小勝為大勝，士氣高昂。

2. 我軍優點及缺點

（1）我軍裝備較敵為優良，如駐東北之新六軍為美式裝備並配備有戰車部隊。

（2）我軍裝備精良，因指揮之不當，未能發揮其優越之性能。

（3）我軍未能講求戰術戰法，過分注意點線之保守，而忽略面機之爭取，故我軍往往最後處於被圍困於城市地區，終被擊破。

（4）行動遲緩，缺乏冒險犯難之旺盛攻擊精神，過份倚賴裝備與空軍。

（5）不善夜間行軍與夜間作戰。

3. 經驗與教訓

（1）謊報軍情誇大戰果，自欺欺人。

（2）有土必有財，有水必有財，若「有兵亦有財」為軍心渙散之根源。

4. 改進意見

（1）重建武德，整肅軍紀。

（2）改善軍人待遇，注意服制以壯軍容，並提高軍人於國家社會中之地位。

（3）加強軍隊素質，採取精兵制度。

民國史料 097

空軍戡亂回憶錄（二）
第一大隊、第三大隊、第四大隊
Memoirs of Air Force during Suppression of
the Communist Rebellion
- Section II
The 1st Group, the 3rd Group, and the 4th Group

編　　者　民國歷史文化學社編輯部
總 編 輯　陳新林、呂芳上
執行編輯　林弘毅
排　　版　溫心忻
助理編輯　詹鈞誌

出　　版　開源書局 出版有限公司
　　　　　香港金鐘夏慤道 18 號海富中心
　　　　　1 座 26 樓 06 室
　　　　　TEL：+852-35860995

　　　　　民國歷史文化學社 有限公司
　　　　　10646 台北市大安區羅斯福路三段
　　　　　　　 37 號 7 樓之 1
　　　　　TEL：+886-2-2369-6912
　　　　　FAX：+886-2-2369-6990

http://www.rchcs.com.tw

初版一刷　2024 年 12 月 31 日
定　　價　新台幣 450 元
　　　　　港　幣 150 元
　　　　　美　元　20 元
I S B N　978-626-7543-54-2
印　　刷　長達印刷有限公司
　　　　　台北市西園路二段 50 巷 4 弄 21 號
　　　　　TEL：+886-2-2304-0488

國家圖書館出版品預行編目 (CIP) 資料
空軍戡亂回憶錄 . 二 , 第一大隊、第三大隊、第四
大隊 = Memoirs of air force during suppression
of the communist rebellion. section II, the 1st
group, the 3rd group, and the 4th group / 民國
歷史文化學社編輯部編 . -- 初版 . -- 臺北市 : 民
國歷史文化學社有限公司 , 2024.12

　　面；　公分 . -- (民國史料 ; 97)

ISBN 978-626-7543-54-2　（平裝）

1.CST: 國共內戰　2.CST: 空軍　3.CST: 戰役

628.62　　　　　　　　　　　　　113019742